INTRODUCTION

Bienvenue dans le monde incroyable des plus grandes stars du football !

Dans ce livre, tu vas découvrir les parcours extraordinaires de certains des joueurs les plus talentueux de tous les temps. Nous t'emmenons dans un voyage passionnant à travers les histoires captivantes des plus grands footballeurs.

Mais comment avons-nous choisi ces joueurs ? Eh bien, nous avons pris en compte leur palmarès, leurs performances spectaculaires sur le terrain et bien sûr, leur popularité auprès des supporters. Ces stars du football ont toutes marqué l'histoire de ce sport avec leur jeu flamboyant et leur passion débordante.

Tu feras la connaissance de Kylian Mbappé, un jeune prodige français qui a conquis le monde du football grâce à sa vitesse fulgurante et à sa technique redoutable. Neymar Junior, le talentueux brésilien, t'émerveillera avec ses dribbles incroyables et ses buts spectaculaires. Vinicius, un autre talent brésilien en pleine ascension, te fera rêver avec ses prouesses sur le terrain.

Mais ce livre ne se contente pas de te présenter les stars actuelles, il te plongera également dans le passé glorieux du football. Tu découvriras les exploits de Michel Platini, le maestro français qui a dominé les terrains européens pendant les années 1980. Et comment oublier Diego Maradona, le légendaire joueur argentin dont les dribbles magiques et la "Main de Dieu" restent gravés dans l'histoire du football.

Alors, es-tu prêt à embarquer dans cette aventure extraordinaire ?

Prépare-toi à être émerveillé, à t'émerveiller devant les exploits des plus grandes stars du football, et à ressentir l'excitation qui règne dans les stades du monde entier. Enfile tes crampons et plonge avec nous dans l'univers du ballon rond !

Le coup d'envoi est imminent, alors... en route vers les étoiles du football !

SOMMAIRE DES LÉGENDES

Tu vois d'autres légendes à ajouter à cette liste ?

Envoie nous un mail à neoprint.edition@gmail.com et nous étudierons ta proposition !

ANDRÉS INIESTA

Andrés Iniesta, de son nom complet Andrés Iniesta Luján, est un ancien footballeur espagnol né le 11 mai 1984 à Fuentealbilla, en Espagne. Il est considéré comme l'un des meilleurs milieux de terrain de sa génération et a marqué l'histoire du football grâce à sa vision du jeu, sa technique et sa capacité à créer des opportunités pour ses coéquipiers.

Iniesta a commencé sa carrière de football dans les équipes de jeunes du club espagnol Albacete Balompié. Il a ensuite été repéré par le FC Barcelone et a rejoint la célèbre académie de jeunes du club, La Masia, à l'âge de 12 ans. C'est là qu'il a développé son talent et sa technique exceptionnels, devenant un pilier de l'équipe de jeunes du Barça.

En 2002, Iniesta a fait ses débuts en équipe première du FC Barcelone. Il a rapidement impressionné par sa maîtrise du ballon, sa créativité et sa vision du jeu. Au fil des saisons, il est devenu un membre essentiel de l'équipe et a contribué aux succès du Barça sous la direction de l'entraîneur Pep Guardiola.

Au cours de sa carrière, Iniesta a remporté de nombreux trophées. Avec le FC Barcelone, il a remporté neuf titres de la Liga, six Coupes d'Espagne et quatre Ligue des champions de l'UEFA. Il a également été un élément clé de l'équipe nationale espagnole, remportant la Coupe du monde de la FIFA en 2010 et l'Euro 2008 et 2012.

Surnommé "El Ilusionista" (l'illusionniste) en raison de sa capacité à créer des occasions magiques sur le terrain, Iniesta était connu pour son jeu fluide, sa vision du jeu exceptionnelle et sa capacité à prendre des décisions rapides et précises. Il était également respecté pour son fair-play et son attitude humble sur et en dehors du terrain.

Une anecdote célèbre sur Iniesta remonte à la finale de la Coupe du monde 2010. Alors que l'Espagne affrontait les Pays-Bas, le match était tendu et aucun but n'avait encore été marqué. À la 116e minute, Iniesta a reçu une passe dans la surface de réparation et a réussi à marquer le but décisif, offrant à l'Espagne sa première Coupe du monde. Ce moment restera à jamais gravé dans l'histoire du football espagnol et a fait d'Iniesta un héros national.

En dehors du terrain, Iniesta est également connu pour son caractère humble et sa discrétion. Il est engagé dans des œuvres caritatives et a créé sa propre fondation pour aider les enfants défavorisés. Après avoir quitté le FC Barcelone, il a joué pour le club japonais Vissel Kobe, où il continue d'exercer son talent et de contribuer au football mondial.

ANDREA PIRLO

Andrea Pirlo est un ancien footballeur italien, né le 19 mai 1979 à Flero, en Italie. Il est largement considéré comme l'un des meilleurs milieux de terrain de sa génération et est connu pour son élégance, sa vision du jeu et sa précision dans les passes.

Pirlo a commencé sa carrière professionnelle à Brescia, un club italien, où il a fait ses débuts en Serie A en 1995. Il a rapidement attiré l'attention des grands clubs italiens et en 1998, il a rejoint l'Inter Milan. Cependant, ce n'est qu'à partir de son transfert à l'AC Milan en 2001 que sa carrière a véritablement décollé.

Au cours de son passage à l'AC Milan, Pirlo a connu ses années les plus fructueuses. Il a remporté plusieurs titres de champion d'Italie, des coupes nationales et la Ligue des champions de l'UEFA. Son jeu de passes précis et sa capacité à dicter le rythme du jeu ont été essentiels dans les succès de l'équipe.

En 2011, Pirlo a rejoint la Juventus, où il a continué à accumuler les trophées. Avec la Juventus, il a remporté de nombreux titres de champion d'Italie consécutifs, confirmant ainsi sa domination dans le football italien. Il a également connu le succès au niveau international, remportant la Coupe du monde 2006 avec l'équipe nationale italienne. Le surnom d'Andrea Pirlo est "l'Architecte". Ce surnom fait référence à sa capacité à construire le jeu et à orchestrer les mouvements de son équipe sur le terrain.

Une anecdote vraie sur Andrea Pirlo est son habileté exceptionnelle lors des coups francs. Il était reconnu pour ses frappes précises et sa capacité à contourner le mur de défenseurs. Lors d'un match de l'Euro 2012 contre l'équipe nationale de Croatie, Pirlo a réalisé un coup franc magistral. Au moment de frapper, il a effectué une feinte audacieuse en regardant le gardien croate d'un côté, puis a envoyé le ballon dans l'angle opposé avec une précision remarquable. Ce but a été salué comme l'un des plus beaux coups francs de tous les temps et a démontré la maîtrise technique de Pirlo.

Après sa retraite en 2018, Pirlo s'est tourné vers une carrière d'entraîneur. Il a notamment entraîné l'équipe de la Juventus, montrant sa passion pour le jeu et sa volonté de partager son expertise avec les nouvelles générations de joueurs.

CRISTIANO RONALDO

Cristiano Ronaldo est l'un des joueurs de football les plus célèbres et accomplis de tous les temps. Né le 5 février 1985 à Funchal, sur l'île de Madère au Portugal, Ronaldo a connu une ascension remarquable dans le monde du football grâce à son talent exceptionnel et à son travail acharné.

Ronaldo a lancé sa carrière professionnelle au Sporting Lisbonne, l'un des plus grands clubs du Portugal. Il a rejoint l'académie de jeunes du club à l'âge de 12 ans et a rapidement impressionné par ses compétences techniques et sa vitesse sur le terrain. En 2002, à l'âge de 17 ans, il a fait ses débuts dans l'équipe première du Sporting Lisbonne, attirant l'attention des grands clubs européens.

En 2003, Ronaldo a signé pour Manchester United, l'un des clubs les plus prestigieux d'Angleterre. Sous la direction de l'entraîneur Sir Alex Ferguson, Ronaldo a connu une progression fulgurante. Il a remporté trois championnats de Premier League avec Manchester United et a joué un rôle clé dans la victoire de l'équipe en Ligue des champions de l'UEFA en 2008.

Après avoir passé six saisons à Manchester United, Ronaldo a rejoint le Real Madrid en 2009 dans un transfert record à l'époque. Sous le maillot du Real Madrid, il a connu le meilleur moment de sa carrière. Il a remporté de nombreux trophées, dont quatre Ligues des champions de l'UEFA et quatre titres de champion d'Espagne, établissant ainsi une dynastie de succès pour le club madrilène. Pendant son séjour au Real Madrid, Ronaldo a également remporté plusieurs Ballons d'Or, ce qui le consacre comme l'un des meilleurs joueurs du monde.

Ronaldo est souvent surnommé "CR7" par les fans et les médias. Le "CR" fait référence à ses initiales, tandis que le "7" est son numéro de maillot emblématique. Ce surnom est devenu synonyme de sa marque personnelle et de sa puissance en tant que joueur.

Une anecdote intéressante sur Ronaldo est liée à son éthique de travail incroyable. Il est connu pour être l'un des joueurs les plus dévoués et les plus professionnels de l'histoire du football. Ronaldo est connu pour sa discipline extrême en matière d'entraînement, de régime alimentaire et de soins personnels. Il est réputé pour ses séances d'entraînement intenses, sa recherche constante de perfection et son souci du détail. Cette détermination et cette éthique de travail ont joué un rôle crucial dans son succès et sa longévité sur le terrain.

En dehors du football, Ronaldo est également connu pour son engagement philanthropique. Il a soutenu de nombreuses causes, notamment dans les domaines de la santé, de l'éducation et de la lutte contre la pauvreté. Il a fait don de sommes importantes à des organisations caritatives et a utilisé sa notoriété pour sensibiliser à des problèmes mondiaux.

DAVID BECKHAM

David Beckham, de son nom complet David Robert Joseph Beckham, est un ancien footballeur anglais né le 2 mai 1975 à Leytonstone, à Londres, en Angleterre. Il est considéré comme l'un des joueurs les plus emblématiques de sa génération, non seulement pour ses performances sur le terrain, mais aussi pour son influence dans le monde de la mode et du marketing.

Beckham a commencé sa carrière professionnelle au sein du club anglais de Manchester United, où il a rejoint le centre de formation à l'âge de 16 ans. Il a rapidement attiré l'attention grâce à son talent exceptionnel pour les passes précises et les tirs de longue distance. Il a fait ses débuts en équipe première en 1992 et a joué un rôle clé dans le succès de Manchester United au cours des années suivantes.

Au cours de sa carrière, Beckham a remporté de nombreux trophées. Avec Manchester United, il a remporté six titres de champion d'Angleterre, deux FA Cup et une Ligue des champions de l'UEFA.

Il a ensuite joué pour des clubs tels que le Real Madrid, où il a remporté un titre de champion d'Espagne, et les LA Galaxy, où il a remporté deux titres de champion de la Major League Soccer (MLS).

Il a également été capitaine de l'équipe nationale d'Angleterre et a représenté son pays lors de plusieurs compétitions internationales. David Beckham est surnommé "Becks" par ses fans et ses coéquipiers. Ce surnom est devenu synonyme de son style de jeu élégant et de sa précision dans les passes. Il est également connu pour son style iconique et sa présence sur les podiums de la mode. Beckham est devenu une véritable icône mondiale, attirant l'attention des médias et des marques de renommée internationale.

Une anecdote notable sur Beckham concerne son talent pour les coups francs. Il était reconnu pour sa précision et sa technique exceptionnelle lorsqu'il s'agissait de tirer les coups francs. Il a marqué de nombreux buts mémorables grâce à ses frappes précises et puissantes. Sa compétence dans cet aspect du jeu lui a valu une réputation de spécialiste des coups francs et a contribué à sa renommée mondiale.

En dehors du terrain, David Beckham est également impliqué dans de nombreuses œuvres de bienfaisance. Il a participé à plusieurs campagnes pour des organisations telles que l'UNICEF et a utilisé sa notoriété pour sensibiliser aux problèmes sociaux. Il a également créé sa propre fondation, la David Beckham Foundation, qui vise à améliorer la vie des enfants et des communautés défavorisées à travers le monde.

Son succès sur le terrain, ses trophées remportés et son style emblématique ont fait de lui une véritable icône mondiale. Sa contribution aux œuvres de bienfaisance et son rôle de modèle pour les jeunes joueurs font de lui une personnalité admirée à la fois sur et en dehors du terrain. Toujours impliqué dans le monde du football à ce jour, il est aujourd'hui propriétaire de l'Inter Miami et réussi en 2023 à attirer Lionel Messi dans son club de Floride.

DIEGO MARADONA

Diego Maradona est une légende du football argentin et mondial, considéré comme l'un des meilleurs joueurs de tous les temps. Né le 30 octobre 1960 à Lanús, en Argentine, il a grandi dans un quartier défavorisé de Buenos Aires.

Maradona a commencé sa carrière professionnelle au club argentin d'Argentinos Juniors. À seulement 15 ans, il a fait ses débuts dans l'équipe première et a rapidement impressionné par sa technique, sa créativité et sa vision de jeu exceptionnelles. Ses performances remarquables lui ont valu un transfert au FC Barcelone, l'un des plus grands clubs d'Europe, en 1982.

Au cours de sa carrière, Maradona a remporté de nombreux trophées et distinctions. Avec le SSC Napoli, en Italie, il a remporté deux titres de champion de Serie A. Il a également remporté la Coupe d'Italie et la Coupe de l'UEFA avec Naples. Sur la scène internationale, Maradona a été le fer de lance de l'équipe nationale argentine lors de la Coupe du monde de la FIFA en 1986.

C'est lors de ce tournoi que Maradona a réalisé des performances inoubliables et est devenu une icône mondiale du football. Il a mené l'Argentine à la victoire, remportant le titre de champion du monde. Au cours de ce tournoi, Maradona a marqué deux des buts les plus célèbres de l'histoire du football. Le premier, connu sous le nom de "La Main de Dieu", était un but controversé marqué de la main. Le deuxième, connu sous le nom du "But du siècle", a été une course solitaire incroyable à travers la défense anglaise.

Le surnom de Maradona était "El Pibe de Oro" en espagnol, ce qui signifie "Le Gamin d'Or". Ce surnom reflète son style de jeu flamboyant, sa créativité et son impact exceptionnel sur le terrain. Il était considéré comme un génie du football en raison de sa capacité à dribbler, à créer des occasions et à marquer des buts spectaculaires.

Une anecdote célèbre sur Maradona est liée à sa personnalité passionnée et à son amour du jeu. Lorsqu'il était enfant, il dormait souvent avec son ballon de football. Même lorsqu'il était à l'hôpital après une opération chirurgicale, il refusait de se séparer de son ballon. Cette anecdote illustre son amour et sa dévotion inconditionnels pour le football, qui ont été les moteurs de sa carrière exceptionnelle.

En dehors du terrain, Maradona a connu des hauts et des bas dans sa vie personnelle. Cependant, son héritage en tant que joueur de football reste intact et il est largement reconnu comme l'un des plus grands talents que le football ait jamais connus.

ERIC CANTONA

Eric Cantona est un footballeur français né le 24 mai 1966 à Marseille, en France. Il est largement considéré comme l'un des joueurs les plus charismatiques et influents de sa génération. Cantona a connu une carrière pleine de succès et a laissé une empreinte indélébile dans l'histoire du football.

Cantona a commencé sa carrière professionnelle au FC Martigues en 1983, où il a rapidement attiré l'attention par son talent et son style de jeu distinctif. Il a ensuite rejoint l'Olympique de Marseille en 1988, où il a contribué à remporter le championnat de France en 1991. Cependant, c'est avec le club anglais de Leeds United qu'il a vraiment fait sensation.

En 1992, Cantona a rejoint Leeds United et a immédiatement marqué les esprits par ses performances exceptionnelles. Son charisme sur et en dehors du terrain a fait de lui une figure adorée des supporters. Sous sa direction, Leeds United a remporté le championnat d'Angleterre en 1992, mettant ainsi fin à une disette de 18 ans pour le club.

Cependant, c'est à Manchester United que Cantona a connu les plus grands succès de sa carrière. En 1992, il a été transféré à Manchester United pour un montant record à l'époque. Cantona a joué un rôle clé dans la transformation du club, aidant Manchester United à remporter quatre titres consécutifs de Premier League de 1993 à 1997.

Au total, Cantona a remporté quatre titres de Premier League avec Manchester United, ainsi que deux FA Cups. Il a également été un leader inspirant pour l'équipe, captivant les supporters avec son style de jeu élégant et sa vision du jeu exceptionnelle. Cantona était réputé pour sa technique de jeu, son jeu de passes précis et sa capacité à marquer des buts importants.

Surnommé "King Eric" par les fans, Cantona était vénéré pour son charisme, sa personnalité hors du commun et sa créativité sur le terrain. Il était souvent décrit comme un joueur visionnaire, capable de changer le cours d'un match d'un seul geste. Son influence sur l'équipe de Manchester United et sa popularité auprès des supporters restent inégalées.

Une anecdote célèbre sur Cantona est l'incident qui s'est produit le 25 janvier 1995 lors d'un match de Premier League contre Crystal Palace. Après avoir été expulsé pour un geste d'humeur envers un supporter adversaire, Cantona a quitté le terrain mais a été provoqué par un autre supporter. Dans un geste controversé, Cantona a lancé un coup de pied volant en direction du supporter. Cet incident a suscité une attention médiatique considérable et Cantona a été suspendu pendant neuf mois par la Fédération anglaise de football. Cependant, cet épisode n'a pas terni sa réputation et il est toujours considéré comme l'un des plus grands joueurs de l'histoire du football.

Après sa retraite du football en 1997, Cantona s'est également aventuré dans le cinéma et d'autres projets artistiques. Il reste une icône du football français et britannique, aimé pour son talent, sa personnalité unique et son héritage durable dans le sport.

ERLING HAALAND

Erling Haaland est l'un des footballeurs les plus prometteurs et excitants de sa génération. Né le 21 juillet 2000 à Leeds, en Angleterre, il possède également la nationalité norvégienne. Fils de l'ancien joueur de football Alf-Inge Haaland, il a hérité d'un talent inné pour le jeu.

Haaland a commencé sa carrière professionnelle au club norvégien Molde FK. Il a fait ses débuts en équipe première en 2017, à l'âge de seulement 16 ans, et a rapidement attiré l'attention des recruteurs grâce à ses performances impressionnantes. Ses capacités physiques exceptionnelles, sa vitesse et sa finition précise en ont fait l'un des jeunes talents les plus recherchés en Europe.

En 2019, Haaland a rejoint le club autrichien du Red Bull Salzbourg, où il a connu une ascension fulgurante. Il a rapidement fait sensation en Ligue des champions, marquant des buts de manière régulière et devenant le premier joueur de l'histoire de la compétition à marquer aux six premiers matchs de sa carrière.

Ses performances éblouissantes ont attiré l'attention de plusieurs grands clubs européens.

En 2020, Haaland a rejoint le Borussia Dortmund, en Allemagne, où il continue d'émerveiller les fans et les observateurs du football. Avec sa puissance physique, sa rapidité et sa capacité à marquer des buts, il est devenu une pièce maîtresse de l'équipe. Haaland est réputé pour sa capacité à marquer à répétition, que ce soit avec son pied droit ou son pied gauche, ainsi que pour sa capacité à créer des occasions pour ses coéquipiers.

Bien que jeune, Haaland a déjà remporté plusieurs trophées au cours de sa carrière. Avec Molde FK, il a remporté la Coupe de Norvège en 2018. Il a également contribué au succès du Red Bull Salzbourg, en remportant le championnat autrichien et la coupe nationale lors de sa seule saison avec le club. Au Borussia Dortmund, il continue de se battre pour remporter des titres et a été un atout majeur de l'équipe lors de ses campagnes en Ligue des champions.

Erling Haaland est souvent surnommé "Le Terminator" ou encore "Le cyborg" en raison de sa puissance physique et de sa capacité à infliger des dommages considérables aux défenses adverses. Son physique imposant, combiné à sa vitesse et à son habileté technique, en font un attaquant redoutable.

Une anecdote sur Haaland est liée à son incroyable performance lors d'un match de Ligue des champions en février 2020. Alors qu'il jouait pour le Borussia Dortmund contre le Paris Saint-Germain, Haaland a marqué deux buts en première mi-temps. Après chaque but, il a célébré en imitant un geste de méditation en référence à son père, qui était un pratiquant de yoga. Cette célébration unique est devenue emblématique de son style et de sa personnalité sur le terrain.

Franz Beckenbauer

Franz Beckenbauer, également connu sous le surnom de "Der Kaiser", est un légendaire footballeur et entraîneur allemand né le 11 septembre 1945 à Munich, en Allemagne. Il est considéré comme l'un des plus grands joueurs de tous les temps et a laissé une empreinte indélébile dans l'histoire du football.

Beckenbauer a lancé sa carrière professionnelle au sein du club de sa ville natale, le Bayern Munich. Il a rejoint l'équipe première en 1964 et s'est rapidement fait remarquer par ses qualités de défenseur polyvalent et son intelligence tactique exceptionnelle. Grâce à sa vision du jeu et sa capacité à construire des attaques depuis l'arrière, il a révolutionné le rôle de défenseur central.

Au Bayern Munich, Beckenbauer a remporté de nombreux trophées, notamment trois fois le championnat d'Allemagne et quatre fois la Coupe d'Allemagne. Il a également remporté la Coupe des Champions (ancêtre de la Ligue des Champions) à trois reprises consécutives de 1974 à 1976. Ces succès ont contribué à établir le Bayern Munich comme l'une des équipes les plus redoutables d'Europe à l'époque.

Sur la scène internationale, Beckenbauer a représenté l'équipe nationale allemande et a remporté la Coupe du Monde de la FIFA à deux reprises. En tant que capitaine, il a mené l'Allemagne à la victoire en 1974 en tant que joueur et en 1990 en tant qu'entraîneur. Il est le seul homme à avoir remporté la Coupe du Monde en tant que joueur et en tant qu'entraîneur.

Le surnom de "Der Kaiser" (l'Empereur) reflète la stature et le leadership de Beckenbauer sur le terrain. Il était respecté pour son calme, sa vision du jeu et sa capacité à influencer le cours d'un match. Son style de jeu élégant et sa maîtrise du ballon lui ont valu ce surnom prestigieux.

Une anecdote célèbre sur Beckenbauer est liée à la finale de la Coupe du Monde de la FIFA 1974. Alors que l'Allemagne de l'Ouest affrontait les Pays-Bas, Beckenbauer a joué malgré une épaule démise. Malgré la douleur et les difficultés, il a montré une détermination exceptionnelle et a aidé son équipe à remporter la victoire 2-1. Cette performance héroïque a démontré le courage et la résilience de Beckenbauer.

Après sa carrière de joueur, Beckenbauer est devenu un entraîneur à succès. Il a dirigé l'équipe nationale allemande lors de sa victoire en Coupe du Monde 1990 et a également connu des succès en tant qu'entraîneur de clubs, notamment au Bayern Munich et à l'Olympique de Marseille.

En dehors du terrain, Beckenbauer est respecté pour son engagement envers le développement du football. Il a occupé des postes importants dans les instances dirigeantes du football, notamment en tant que président du comité d'organisation de la Coupe du Monde de la FIFA 2006 en Allemagne.

Franz Beckenbauer reste une figure emblématique en Allemagne et dans le monde et sa contribution au sport restera gravée dans l'histoire du football.

Gerd Müller

Gerd Müller, de son nom complet Gerhard Müller, est l'un des plus grands attaquants de l'histoire du football. Né le 3 novembre 1945 à Nördlingen, en Allemagne, il a connu une carrière exceptionnelle avec le Bayern Munich et l'équipe nationale allemande.

Müller a commencé sa carrière au TSV 1861 Nördlingen, un club de sa ville natale. Cependant, il a réellement lancé sa carrière lorsqu'il a rejoint le Bayern Munich en 1964. Sous la direction de l'entraîneur Branko Zebec, Müller a rapidement montré son talent et sa capacité à marquer des buts.

Au Bayern Munich, Müller a remporté de nombreux titres et a joué un rôle clé dans l'établissement du club comme l'une des forces dominantes du football européen. Il a remporté quatre titres de champion d'Allemagne et a été le meilleur buteur de la Bundesliga à sept reprises, établissant un record qui tient toujours aujourd'hui. Il a également remporté la Coupe d'Allemagne quatre fois et la Coupe des coupes de l'UEFA en 1967.

En équipe nationale, Müller a été un joueur clé de l'Allemagne de l'Ouest lors de sa victoire en Coupe du Monde de la FIFA en 1974. Il a inscrit le but décisif en finale contre les Pays-Bas, assurant la victoire de son équipe. Au total, il a marqué 68 buts en 62 sélections, un record remarquable.

Gerd Müller était surnommé "Der Bomber" en raison de sa capacité explosive à marquer des buts. Son sens inné de la position, sa précision de tir et sa puissance de frappe lui ont valu ce surnom. Müller était également connu pour sa rapidité de réaction et sa capacité à marquer dans des positions difficiles.

Une anecdote vraie sur Gerd Müller est liée à son record de buts marqués en une saison de Bundesliga. En 1971-1972, Müller a inscrit un nombre incroyable de 40 buts en 34 matchs de championnat, établissant un record qui a résisté pendant de nombreuses années. Ce record a été battu par Robert Lewandowski en 2020-2021, mettant en évidence la portée exceptionnelle de l'exploit de Müller.

Cependant, en dépit de ses réalisations et de son statut de légende du football, Müller a préféré rester discret et éviter les projecteurs. Il était un joueur réservé qui laissait ses performances parler pour lui sur le terrain. Après sa retraite du football en 1981, il s'est éloigné de la vie publique et a mené une vie relativement privée.

Malheureusement, la vie de Gerd Müller a été marquée par des difficultés après sa carrière de joueur. Il a lutté contre des problèmes de santé, notamment la dépression et la démence, et a nécessité des soins médicaux constants. Il est décédé le 15 août 2021 à l'âge de 75 ans, laissant derrière lui un héritage inoubliable dans le monde du football.

GEORGE BEST

George Best était un footballeur nord-irlandais né le 22 mai 1946 à Belfast. Il est considéré comme l'un des joueurs les plus talentueux et charismatiques de tous les temps. Best a marqué l'histoire du football par sa classe, son style de jeu unique et ses exploits sur le terrain.

Il a lancé sa carrière professionnelle au sein du club de Manchester United, en Angleterre, où il a fait ses débuts à l'âge de 17 ans en 1963. Dès ses premiers pas sur le terrain, il a immédiatement impressionné par sa technique, sa rapidité et sa capacité à dribbler les défenseurs avec aisance. Il est rapidement devenu une star montante du football britannique.

George Best a remporté de nombreux trophées tout au long de sa carrière. Avec Manchester United, il a remporté le championnat d'Angleterre à deux reprises en 1965 et 1967. Il a également remporté la Coupe d'Angleterre en 1963, ainsi que la Coupe d'Europe des clubs champions en 1968, où il a joué un rôle déterminant dans la victoire de son équipe en marquant lors de la finale.

Son surnom, "The Fifth Beatle" (le cinquième Beatles), témoigne de sa popularité et de son influence culturelle. En plus de sa carrière de footballeur, Best était également connu pour son charme, son style de vie extravagant et son apparence qui rappelait celle des membres du groupe musical légendaire. Il était considéré comme un véritable icône de la mode et un symbole de la jeunesse rebelle des années 1960.

Une anecdote célèbre sur George Best est liée à un match de la Coupe d'Europe des clubs champions contre le Benfica en 1966. Lors de ce match, Best a réalisé un exploit remarquable en marquant deux buts, dont un dribble fantastique qui a laissé les défenseurs adverses déconcertés. Sa performance a été saluée comme l'une des meilleures de sa carrière et a contribué à la victoire de Manchester United.

Malheureusement, malgré son talent incontestable, la carrière de Best a été marquée par des problèmes personnels. Ses excès en dehors du terrain ont finalement eu un impact sur sa carrière et il a quitté Manchester United en 1974.

George Best a ensuite joué pour plusieurs clubs dans le monde entier, mais n'a jamais retrouvé la gloire de ses premières années. Il a pris sa retraite du football professionnel en 1984.

George Best est décédé le 25 novembre 2005 à l'âge de 59 ans, laissant derrière lui un héritage durable dans le monde du football. Sa technique, son élégance et son charisme ont inspiré de nombreux joueurs et il est souvent cité comme l'un des plus grands joueurs de tous les temps. Son impact sur le jeu et sa personnalité hors du commun en font une légende du football qui restera à jamais dans les mémoires.

GÉRARD PIQUÉ

Gerard Piqué, est un footballeur espagnol né le 2 février 1987 à Barcelone, en Espagne. Il est considéré comme l'un des meilleurs défenseurs de sa génération et a connu une carrière exceptionnelle au sein de l'équipe nationale espagnole et du FC Barcelone.

Piqué a commencé sa carrière dans les équipes de jeunes du FC Barcelone, rejoignant le club à l'âge de 10 ans. Il a progressé rapidement et a finalement fait ses débuts en équipe première en 2004. Cependant, il a connu un passage en Angleterre en rejoignant Manchester United en 2004, où il a remporté plusieurs titres, dont la Premier League et la Ligue des champions.

Après quatre saisons à Manchester United, Piqué est retourné au FC Barcelone en 2008. C'est à Barcelone qu'il a connu le plus grand succès de sa carrière. Il a formé une solide défense avec Carles Puyol et a contribué à la domination du Barça sur la scène nationale et internationale.

Avec le Barça, Piqué a remporté de nombreux titres, dont huit titres de la Liga, six Coupes d'Espagne et trois Ligue des champions de l'UEFA.

Au niveau international, Piqué a représenté l'équipe nationale espagnole avec distinction. Il a joué un rôle clé dans la victoire de l'Espagne lors de la Coupe du monde de la FIFA 2010 et de l'Euro 2012. Son jeu intelligent, sa vision du jeu et sa capacité à anticiper les actions de l'adversaire en font un défenseur redoutable.

Surnommé "Piquenbauer" en raison de sa ressemblance avec le légendaire défenseur allemand Franz Beckenbauer, Piqué est connu pour sa technique, sa vision du jeu et sa capacité à relancer depuis l'arrière. Il est également réputé pour son sang-froid et son calme sur le terrain, ce qui lui permet de gérer les situations de pression avec assurance.

Une anecdote célèbre sur Piqué remonte à la finale de la Ligue des champions de l'UEFA en 2009. Alors que le FC Barcelone affrontait Manchester United, Piqué a réalisé une performance exceptionnelle en défense, neutralisant les attaques de l'équipe adverse et contribuant à la victoire finale de Barcelone. Cette victoire a été une grande fierté pour Piqué, qui a pu montrer son talent et sa détermination face à son ancien club.

En dehors du terrain, Piqué est également connu pour son engagement dans des projets philanthropiques. Il a créé la Fondation Piqué pour soutenir l'éducation et le bien-être des enfants défavorisés. Il est également impliqué dans des initiatives environnementales et a été un défenseur actif de la lutte contre le changement climatique.

Gianluigi Buffon

Gianluigi Buffon est un ancien footballeur italien considéré comme l'un des meilleurs gardiens de but de tous les temps. Né le 28 janvier 1978 à Carrare, en Italie, Buffon a marqué l'histoire du football par sa longévité, son talent et son leadership sur le terrain.

Buffon a commencé sa carrière professionnelle à Parme, un club italien, en 1995. Il a rapidement fait sensation en Serie A grâce à ses performances impressionnantes et son style de jeu athlétique. En 2001, il a rejoint la Juventus, l'un des clubs les plus prestigieux d'Italie, où il a passé la majeure partie de sa carrière.

Au cours de sa carrière, Buffon a remporté de nombreux trophées. Il a remporté dix titres de champion d'Italie avec la Juventus, ainsi que de nombreuses coupes nationales. Il a également atteint la finale de la Ligue des champions de l'UEFA à plusieurs reprises, en 2003 et 2015. Bien qu'il n'ait pas réussi à remporter ce trophée, Buffon a été un pilier de l'équipe tout au long de ces parcours.

Buffon est surnommé "Gigi" par ses coéquipiers et les fans. Ce surnom est une forme affectueuse et informelle de son prénom Gianluigi.

Une anecdote vraie sur Buffon est sa loyauté envers la Juventus. En 2006, le club a été relégué en Serie B suite à un scandale de matchs truqués. De nombreux joueurs de premier plan ont quitté l'équipe, mais Buffon est resté fidèle et a refusé de quitter le navire. Il a joué un rôle crucial dans la promotion de la Juventus en Serie A lors de la saison suivante et est devenu un symbole de résilience et de dévouement pour le club.

Buffon a également eu une carrière internationale fructueuse avec l'équipe nationale italienne. Il a représenté son pays lors de plusieurs tournois majeurs, dont la Coupe du monde de la FIFA. En 2006, il a été le gardien de but titulaire de l'équipe italienne qui a remporté la Coupe du monde en Allemagne. Ses performances impressionnantes tout au long du tournoi, notamment lors de la séance de tirs au but en finale contre la France, ont contribué à la victoire de l'Italie.

Au-delà de ses capacités sur le terrain, Buffon est également apprécié pour son fair-play et son attitude respectueuse envers ses adversaires. Il est connu pour sa classe et sa dignité, même dans les moments difficiles.

Après avoir quitté la Juventus en 2018, Buffon a brièvement joué pour le Paris Saint-Germain avant de retourner à la Juventus en 2019. En 2021, il a rejoint le club italien de Parme, où sa carrière avait commencé. En 2022, il a annoncé sa retraite du football professionnel.

HARRY KANE

Harry Kane est un footballeur anglais né le 28 juillet 1993 à Walthamstow, à Londres, en Angleterre. Il est reconnu comme l'un des meilleurs attaquants du monde, et sa capacité à marquer des buts en fait l'un des joueurs les plus redoutés sur les terrains de football.

Kane a commencé sa carrière de football dans le club de son enfance, le Tottenham Hotspur, où il a été formé dans l'académie du club. Il a gravi les échelons et a fait ses débuts en équipe première en 2009. Il a ensuite été prêté à plusieurs clubs pour acquérir de l'expérience avant de revenir à Tottenham et de s'y imposer comme l'un des meilleurs buteurs de Premier League.

En ce qui concerne les trophées, Kane n'a pas encore remporté de titre majeur avec Tottenham. Cependant, il a été finaliste de la Ligue des champions de l'UEFA en 2019, où Tottenham a perdu contre Liverpool en finale. Individuellement, Kane a remporté plusieurs récompenses, dont le Soulier d'Or de la Coupe du Monde 2018 et le titre de Meilleur buteur de la Premier League à deux reprises.

Le surnom de Harry Kane est "Hurricane" (qui signifie ouragan en anglais) en raison de sa capacité à déchaîner sa puissance et sa précision devant le but. Ce surnom met en valeur sa capacité à marquer des buts de toutes les manières possibles, que ce soit avec des frappes puissantes ou des finitions précises.

Une anecdote sur Harry Kane est liée à son parcours et à sa détermination à réussir. Alors qu'il était jeune, Kane a été rejeté par l'académie d'Arsenal, l'un des clubs rivaux de Tottenham. Cela aurait pu décourager de nombreux joueurs, mais Kane a utilisé ce rejet comme motivation supplémentaire pour travailler dur et prouver sa valeur. Il est retourné à Tottenham, a persévéré et est finalement devenu le joueur emblématique du club et le capitaine de l'équipe nationale anglaise. Cette anecdote montre la détermination et le caractère résilient de Kane face à l'adversité.

En dehors du terrain, Kane est réputé pour sa personnalité discrète et son professionnalisme. Il est respecté pour son fair-play et son attitude exemplaire sur et en dehors du terrain. Il est également impliqué dans des œuvres de bienfaisance et a créé sa propre fondation, la Harry Kane Foundation, qui vise à soutenir les enfants malades et les familles dans le besoin.

JOHAN CRUYFF

Johan Cruyff était l'un des joueurs de football les plus emblématiques et influents de tous les temps. Né le 25 avril 1947 à Amsterdam, aux Pays-Bas, il a révolutionné le jeu avec sa technique exceptionnelle, son intelligence tactique et son leadership sur le terrain.

Cruyff a lancé sa carrière au sein de l'Ajax Amsterdam, l'un des clubs les plus prestigieux des Pays-Bas, où il a rejoint l'équipe première en 1964. C'est à l'Ajax qu'il a connu ses plus grands succès et a marqué l'histoire du football. Sous la direction de l'entraîneur Rinus Michels, Cruyff et l'Ajax ont mis en place un style de jeu révolutionnaire connu sous le nom de "football total". Ce style mettait l'accent sur le mouvement collectif, la possession de balle et l'attaque rapide, ce qui a permis à l'Ajax de remporter trois coupes d'Europe consécutives de 1971 à 1973.

Au cours de sa carrière, Cruyff a également évolué dans d'autres clubs prestigieux. Il a joué pour le FC Barcelone en Espagne de 1973 à 1978, où il a remporté le championnat espagnol à plusieurs reprises.

Il est revenu à l'Ajax en 1981 avant de terminer sa carrière aux États-Unis avec les Los Angeles Aztecs et les Washington Diplomats.

En termes de trophées, Cruyff a remporté de nombreux titres tout au long de sa carrière. Il a remporté huit championnats néerlandais avec l'Ajax et le Feyenoord, ainsi que deux championnats espagnols avec le FC Barcelone. Il a également remporté trois coupes d'Europe des clubs champions (l'ancêtre de la Ligue des champions) avec l'Ajax et a été finaliste de la Coupe du monde avec l'équipe nationale des Pays-Bas en 1974.

Johan Cruyff était surnommé "le Hollandais volant" en raison de sa vitesse, de son agilité et de sa capacité à défier la gravité lorsqu'il était en mouvement. Son surnom capturait parfaitement son style de jeu élégant et aérien qui le distinguait des autres joueurs de son époque.
Une anecdote célèbre sur Cruyff est liée à sa créativité et à son inventivité sur le terrain. Lors d'un match de la ligue néerlandaise en 1982, alors qu'il jouait pour l'Ajax, Cruyff a marqué un but mémorable contre le Helmond Sport. Alors qu'il se dirigeait vers le but, il a feinté le gardien de but en simulant un tir, puis a rapidement frappé le ballon dans la direction opposée pour marquer. Cette action, connue sous le nom de "Cruyff Turn" ou "Cruyff's feint", est devenue légendaire et est souvent enseignée aux jeunes joueurs comme une technique de dribble.

En dehors du terrain, Cruyff a également eu une influence significative en tant qu'entraîneur. Après sa carrière de joueur, il est devenu entraîneur et a continué à mettre en pratique ses idées novatrices sur le football. Il a notamment dirigé le FC Barcelone dans les années 1990, où il a remporté quatre championnats d'Espagne et la Ligue des champions en 1992. Son style de jeu unique, son palmarès impressionnant et son influence en tant qu'entraîneur font de lui l'une des figures les plus importantes de l'histoire du football.

KAKA

Kaka, de son vrai nom Ricardo Izecson dos Santos Leite, est un ancien footballeur brésilien qui a marqué l'histoire du football par son talent, sa vitesse et sa vision de jeu exceptionnelle. Né le 22 avril 1982 à Brasilia, au Brésil, Kaka est considéré comme l'un des meilleurs joueurs de sa génération.

Kaka a commencé sa carrière professionnelle au sein du club brésilien Sao Paulo FC. Il a fait ses débuts en équipe première en 2001 et a rapidement attiré l'attention des grands clubs européens par ses performances impressionnantes. En 2003, il a rejoint le club italien de l'AC Milan, où il a connu ses plus grandes réussites.

Au Milan AC, Kaka a connu un succès retentissant. Surnommé "Il Divino Codino" (le divin à la queue de cheval) en raison de sa coiffure distinctive, il a remporté de nombreux trophées avec le club italien. Il a contribué à la victoire de l'AC Milan en Ligue des champions de l'UEFA en 2007, où il a été le meilleur buteur du tournoi et a été élu meilleur joueur de la compétition. Il a également remporté un titre de champion d'Italie et une Coupe d'Italie avec le club milanais.

En 2009, Kaka a fait le transfert record vers le Real Madrid pour un montant de 65 millions d'euros, devenant ainsi le joueur le plus cher de l'histoire à l'époque. Au Real Madrid, il a continué à briller, formant une redoutable équipe avec Cristiano Ronaldo et Karim Benzema. Il a remporté plusieurs titres, dont la Liga espagnole et la Coupe du Roi. Malheureusement, sa période au Real Madrid a été marquée par des blessures récurrentes qui ont limité son temps de jeu.

En équipe nationale brésilienne, Kaka a également connu le succès. Il a représenté le Brésil lors de plusieurs tournois majeurs, notamment la Coupe du monde de la FIFA. En 2002, il a fait partie de l'équipe brésilienne qui a remporté la Coupe du monde en Corée du Sud et au Japon, bien qu'il ait été utilisé comme remplaçant. Il a également remporté la Copa America en 2007 avec le Brésil.

Au total, Kaka a remporté de nombreux trophées tout au long de sa carrière, notamment la Ligue des champions, les titres nationaux et les trophées individuels. Il a été récompensé du Ballon d'Or en 2007 en tant que meilleur joueur du monde, et a été nommé FIFA World Player of the Year la même année.

En dehors du terrain, Kaka est également connu pour son humilité et son engagement philanthropique. Il est un fervent chrétien et a utilisé sa renommée pour soutenir diverses causes caritatives. Il a fondé l'organisation "Kaka Foundation" qui vise à aider les enfants défavorisés dans le monde entier.

Une anecdote sur Kaka : Lors d'un match de la Ligue des champions entre l'AC Milan et Manchester City en 2009, Kaka a été expulsé pour un deuxième carton jaune. Cependant, après avoir visionné les images de la faute, il a remarqué que le joueur de Manchester City, Shaun Wright-Phillips, n'avait pas été touché. Kaka s'est approché de l'arbitre et lui a signalé qu'il n'avait pas touché son adversaire, ce qui a conduit à l'annulation de la deuxième carton jaune et à la réintégration de Kaka dans le match. Cette action a été largement saluée comme un geste de fair-play et de respect pour le jeu.

KARIM BENZEMA

Karim Benzema est un footballeur français né le 19 décembre 1987 à Lyon, en France. Il a grandi dans un quartier de la ville et a développé très tôt un amour pour le football. Dès son jeune âge, il a montré des talents exceptionnels sur le terrain et a rapidement attiré l'attention des recruteurs.

Benzema a lancé sa carrière au sein de l'Olympique Lyonnais, l'un des clubs les plus prestigieux de France. Il a rejoint le club à l'âge de neuf ans et a gravi les échelons de l'académie de jeunes pour atteindre l'équipe première. Ses performances impressionnantes en tant que jeune attaquant lui ont valu une place dans l'équipe première en 2004, à seulement 17 ans.

Au cours de ses années à Lyon, Benzema a remporté de nombreux titres et trophées. Il a contribué à la domination de Lyon en Ligue 1, en remportant plusieurs championnats de France consécutifs. En tout, il a remporté quatre titres de champion de France avec Lyon, établissant sa réputation de buteur talentueux et efficace.

En 2009, Karim Benzema a fait le grand saut en rejoignant l'un des plus grands clubs du monde, le Real Madrid. Sous les couleurs du club espagnol, il a atteint de nouveaux sommets. Il a ajouté à son palmarès de nombreux trophées, dont quatre championnats espagnols (La Liga) et quatre Ligues des champions de l'UEFA. Ces succès ont renforcé sa renommée en tant que l'un des meilleurs attaquants de sa génération.

Karim Benzema est souvent surnommé "KB9" par les fans et les médias. Ce surnom fait référence à ses initiales, "KB", associées à son numéro de maillot, le 9. C'est une manière familière et affectueuse de l'identifier sur le terrain et dans les discussions sur le football.

Malgré sa carrière réussie, Karim Benzema a également fait face à des moments difficiles et controversés et il a été exclu de l'équipe de France pendant plusieurs années. Cependant, en 2021, après une longue absence, il a fait son retour en équipe nationale, prouvant ainsi sa résilience et son talent indéniable. Il a même remporté le ballon d'or en 2023.

Karim Benzema est un footballeur talentueux qui est aujourd'hui l'un des meilleurs attaquants du monde. En 2023, le Ballon d'or français s'est engagé pour trois ans avec le club saoudien d'Al-Ittihad, basé à Jeddah.

KÉVIN DE BRUYN

Kevin De Bruyne est un footballeur belge né le 28 juin 1991 à Drongen, en Belgique. Il est largement reconnu comme l'un des meilleurs milieux de terrain au monde en raison de sa vision du jeu, de sa technique exceptionnelle et de sa capacité à marquer des buts. De Bruyne est connu pour sa polyvalence et sa capacité à influencer le jeu à tous les niveaux du milieu de terrain.

De Bruyne a commencé sa carrière professionnelle au club belge de Genk en 2008. Il a rapidement fait sensation avec ses performances impressionnantes et a attiré l'attention de clubs européens majeurs. En 2012, il a rejoint Chelsea en Premier League anglaise. Cependant, il a eu des difficultés à s'imposer à Chelsea et a été prêté à Werder Brême en Allemagne pour gagner du temps de jeu.

C'est lors de son passage au VfL Wolfsburg en Bundesliga allemande que De Bruyne a véritablement explosé. Il a été un élément clé de l'équipe qui a remporté la Coupe d'Allemagne en 2015 et a été élu meilleur joueur de la Bundesliga cette même année.

Ses performances exceptionnelles ont attiré l'attention de Manchester City, qui l'a recruté en 2015.

Depuis son arrivée à Manchester City, De Bruyne est devenu l'un des joueurs les plus influents de l'équipe. Il a remporté de nombreux titres, dont quatre championnats de Premier League, une FA Cup et cinq Coupes de la Ligue. De Bruyne a été un acteur majeur dans le succès de Manchester City, contribuant avec des passes décisives et des buts importants.

Sur le plan international, De Bruyne représente l'équipe nationale belge. Il a participé à plusieurs tournois majeurs, dont la Coupe du Monde de la FIFA 2014 et l'Euro 2016. De Bruyne a été un joueur clé dans le parcours de la Belgique, atteignant les demi-finales de la Coupe du Monde en 2018.

De Bruyne est surnommé "The Ginger Prince" (le prince Roux) en raison de ses cheveux roux et de sa stature royale sur le terrain. Ce surnom reflète à la fois son apparence distinctive et son influence majeure dans le jeu.

Une anecdote sur De Bruyne est liée à sa détermination et à son travail acharné. Après avoir été prêté à Werder Brême, De Bruyne s'est retroussé les manches et a travaillé dur pour améliorer son jeu et gagner sa place dans l'équipe. Son travail acharné a porté ses fruits, et il est revenu à Chelsea en tant que joueur amélioré et confiant. Cette anecdote met en évidence sa mentalité compétitive et sa volonté de toujours s'améliorer.

En dehors du terrain, De Bruyne est décrit comme un joueur humble et réservé. Il est connu pour sa discrétion et son dévouement envers sa famille. De plus, De Bruyne est engagé dans des œuvres caritatives et soutient des causes liées à l'éducation et au bien-être des enfants.

KYLIAN MBAPPÉ

Kylian Mbappé est l'une des stars montantes du football mondial. Né le 20 décembre 1998 à Bondy, en France, il a rapidement attiré l'attention grâce à son talent exceptionnel et à sa vitesse époustouflante.

Mbappé a lancé sa carrière professionnelle au sein de l'AS Monaco, un club français de premier plan. À l'âge de 16 ans, il a fait ses débuts dans l'équipe première et a rapidement impressionné par sa capacité à marquer des buts et à créer des occasions. Sa saison 2016-2017 a été une véritable révélation, où il a joué un rôle clé dans le titre de champion de la Ligue 1 de Monaco et a été désigné meilleur jeune joueur du championnat.

En 2017, Mbappé a été transféré au Paris Saint-Germain (PSG), l'un des clubs les plus prestigieux de France. Depuis lors, il est devenu l'une des figures de proue de l'équipe et a contribué à de nombreux succès. Avec le PSG, il a remporté plusieurs titres de champion de France, des Coupes nationales, ainsi que des trophées au niveau européen.

Sur la scène internationale, Mbappé a représenté l'équipe nationale française lors de la Coupe du monde de la FIFA en 2018. Il a été l'un des acteurs clés de l'équipe qui a remporté le tournoi, marquant des buts cruciaux tout au long de la compétition. Il a également été désigné meilleur jeune joueur du tournoi et a été salué pour sa contribution exceptionnelle à la victoire de la France. En 2023, lors de la coupe du monde au Qatar, il va marquer 2 buts en quelques minutes lors de la finale contre l'Argentine, ce qui permettra à la France de revenir au score et de jouer les tirs au but.

Mbappé est souvent surnommé "Donatello" en référence à l'un des personnages des Tortues Ninja. Ce surnom lui a été donné en raison de sa ressemblance physique avec le personnage, ainsi que de sa vitesse et de son agilité sur le terrain. Il est reconnu pour sa capacité à déstabiliser les défenses adverses grâce à sa rapidité et sa technique exceptionnelles.

Une anecdote intéressante sur Mbappé est liée à sa générosité hors du terrain. En 2018, il a annoncé qu'il reverserait l'ensemble de ses primes de la Coupe du monde à des associations caritatives. Cela a été salué comme un geste remarquable, démontrant son engagement à aider les autres et à faire une différence positive dans la société.

En dehors du football, Mbappé est également admiré pour son attitude humble et son professionnalisme. Malgré son jeune âge et sa renommée mondiale, il est connu pour sa maturité et sa mentalité axée sur le travail. Il reste concentré sur son développement en tant que joueur et sur sa contribution à l'équipe, ce qui a fait de lui un modèle pour les jeunes joueurs aspirants.

LEV YACHINE

Lev Yachine, de son nom complet Lev Ivanovich Yachine, est une légende du football russe et international, particulièrement connu pour son talent exceptionnel en tant que gardien de but. Né le 22 octobre 1929 à Moscou, en Union soviétique (aujourd'hui la Russie), il est considéré comme l'un des meilleurs gardiens de but de tous les temps.

Yachine a commencé sa carrière de football au Dynamo Moscou, l'un des clubs les plus prestigieux de l'époque en Union soviétique. Il a fait ses débuts en équipe première en 1950 et a rapidement attiré l'attention par ses performances remarquables. Sa grande taille, son agilité, ses réflexes rapides et son sens inné du placement ont fait de lui un gardien de but redoutable.

Au cours de sa carrière, Yachine a remporté de nombreux trophées et distinctions. Avec le Dynamo Moscou, il a remporté cinq championnats soviétiques et trois coupes d'URSS.

Il a également été nommé meilleur gardien de but d'URSS à six reprises et a été élu meilleur gardien de but d'Europe en 1963, devenant ainsi le premier et le seul gardien de but à recevoir le Ballon d'Or.

Le surnom de Lev Yachine était "L'araignée noire" en raison de ses réflexes rapides et de sa capacité à arrêter les tirs adverses avec agilité. Il était réputé pour sa présence imposante dans les buts et pour sa capacité à effectuer des arrêts spectaculaires.

Une anecdote célèbre sur Yachine est liée à la Coupe du monde de la FIFA en 1966, qui s'est déroulée en Angleterre. Lors d'un match de groupe contre le Chili, Yachine a été victime d'une blessure au genou après une collision avec un attaquant chilien. Malgré la douleur, il a choisi de rester sur le terrain et a continué à jouer jusqu'à la fin du match, réalisant plusieurs arrêts impressionnants malgré sa blessure. Cette démonstration de courage et de détermination a montré la force mentale et la passion de Yachine pour le jeu.

Lev Yachine est également connu pour sa contribution à l'évolution du rôle du gardien de but. Avant lui, les gardiens de but étaient souvent relégués à un rôle de simple défenseur, mais Yachine a introduit une nouvelle approche en devenant un gardien de but moderne. Il était actif hors de sa ligne de but, il participait au jeu de son équipe et utilisait ses mains de manière exceptionnelle pour arrêter les tirs.

Après sa retraite en 1971, Lev Yachine a continué à travailler dans le football en tant qu'entraîneur des gardiens de but et a également occupé des postes administratifs dans le football russe. Il est resté une icône du football et une source d'inspiration pour de nombreux gardiens de but du monde entier.

LIONEL MESSI

Lionel Messi est l'un des footballeurs les plus célèbres et talentueux de tous les temps. Né le 24 juin 1987 à Rosario, en Argentine, il a commencé à montrer son amour pour le football dès son plus jeune âge. Messi a grandi dans une famille modeste et a surmonté de nombreux obstacles pour réaliser son rêve de devenir footballeur professionnel.

Messi a lancé sa carrière au sein du célèbre club argentin du FC Barcelone. Il a rejoint l'académie de jeunes du club, La Masia, à l'âge de 13 ans. Très vite, il a impressionné par ses compétences exceptionnelles et sa vision de jeu incroyable. À l'âge de 16 ans, Messi a fait ses débuts dans l'équipe première du FC Barcelone et a rapidement établi sa réputation de prodige du football.

Au cours de sa carrière, Lionel Messi a remporté un nombre incroyable de trophées. Avec le FC Barcelone, il a remporté de nombreux titres de champion d'Espagne, appelés "La Liga". Il a également remporté la prestigieuse Ligue des champions de l'UEFA à plusieurs reprises.

Messi a été au cœur de l'équipe du FC Barcelone lors d'une période de grande domination, au cours de laquelle le club a remporté de nombreux titres nationaux et internationaux. En 2023, il a également remporté la coupe du monde avec l'équipe d'Argentine.

En ce qui concerne les trophées individuels, Lionel Messi a remporté le Ballon d'Or, qui est décerné chaque année au meilleur joueur de football du monde, à plusieurs reprises. En fait, il détient le record du plus grand nombre de Ballons d'Or remportés, avec sept titres à son actif. Cela témoigne de son statut exceptionnel en tant que joueur.

Lionel Messi est souvent surnommé "La Pulga" en espagnol, ce qui signifie "La Puce". Ce surnom lui a été donné en raison de sa petite taille et de sa grande agilité sur le terrain. Malgré sa taille relativement petite, il est incroyablement rapide, habile et difficile à arrêter pour les défenseurs adverses.

Une anecdote intéressante sur Messi est liée à son humilité et à son dévouement envers le jeu. Malgré sa renommée mondiale et son immense succès, il est réputé pour rester humble et travailler dur pour continuer à s'améliorer. Il est connu pour sa discipline rigoureuse en matière d'entraînement et sa volonté de toujours donner le meilleur de lui-même sur le terrain. Cette attitude exemplaire a fait de lui un modèle pour de nombreux jeunes joueurs de football à travers le monde.

En dehors du terrain, Lionel Messi est également connu pour son engagement social et caritatif. Il a créé sa propre fondation, la Fondation Leo Messi, qui soutient des causes liées à l'éducation et à la santé des enfants. Il utilise sa notoriété et sa fortune pour aider les personnes dans le besoin et contribuer à améliorer la société.

Lionel Messi est un footballeur argentin exceptionnel qui a ébloui le monde du football avec ses compétences extraordinaires et ses réalisations. Il a signé en 2023 à l'Inter Miami et rejoins donc la ligue américaine de football, la MLS.

LUIS SUÁREZ

Luis Suarez est un footballeur uruguayen considéré comme l'un des attaquants les plus talentueux de sa génération. Né le 24 janvier 1987 à Salto, en Uruguay, Suarez a connu une carrière remarquable dans plusieurs grands clubs européens.

Suarez a commencé sa carrière professionnelle en Uruguay, où il a joué pour le club de Nacional. Il a rapidement attiré l'attention avec ses performances impressionnantes et sa capacité à marquer des buts. En 2006, il a été transféré aux Pays-Bas, rejoignant l'Ajax Amsterdam, l'un des clubs les plus prestigieux du pays. C'est là qu'il a véritablement lancé sa carrière internationale et a gagné en notoriété.

Au cours de son passage à l'Ajax, Suarez a remporté plusieurs titres, dont deux championnats néerlandais et une Coupe des Pays-Bas. Il a également terminé meilleur buteur du championnat néerlandais lors de la saison 2009-2010, inscrivant 35 buts en 33 matchs.

En 2011, Suarez a rejoint Liverpool en Premier League anglaise. Son passage à Liverpool a été couronné de succès, et il est devenu l'un des joueurs les plus influents de l'équipe. Avec les Reds, il a remporté la Coupe de la Ligue anglaise en 2012 et a été sacré meilleur buteur de la Premier League lors de la saison 2013-2014, marquant 31 buts en 33 matchs.

En 2014, Suarez a rejoint le FC Barcelone, l'un des plus grands clubs d'Europe. Il a formé un trio d'attaque redoutable avec Lionel Messi et Neymar, connu sous le nom de "MSN". Ensemble, ils ont remporté de nombreux titres, dont quatre championnats espagnols, quatre Coupes du Roi et une Ligue des champions de l'UEFA.

Surnommé "El Pistolero" en raison de son style de jeu agressif et de sa capacité à marquer des buts, Suarez est connu pour sa technique, sa vision du jeu et sa finition précise. Il est réputé pour être un attaquant implacable, capable de marquer des buts dans toutes les positions et avec diverses parties de son corps.

Une anecdote vraie sur Suarez concerne la Coupe du monde 2014. Lors du match de groupe entre l'Uruguay et l'Italie, Suarez est devenu le protagoniste d'un incident controversé. Alors qu'il se trouvait à côté du défenseur italien Giorgio Chiellini, Suarez a mordu l'épaule de son adversaire. L'incident a suscité une attention médiatique considérable et a conduit à une suspension de plusieurs matchs pour Suarez. Cet épisode a été largement discuté et a fait de Suarez une figure controversée dans le monde du football.

LUKA MODRIC

Luka Modric, est un footballeur croate né le 9 septembre 1985 à Zadar, en Croatie. Il est largement reconnu comme l'un des meilleurs milieux de terrain du monde et a joué un rôle essentiel dans les succès de son équipe et de ses clubs.

Modric a commencé sa carrière professionnelle au sein du club croate NK Zadar, où il a été repéré pour ses talents exceptionnels. En 2003, il a rejoint le club croate HNK Hajduk Split, où il a rapidement fait ses preuves et attiré l'attention des recruteurs internationaux. En 2008, il a signé avec le club anglais de Tottenham Hotspur, marquant ainsi le début de sa carrière internationale.

Au cours de sa carrière, Modric a remporté de nombreux trophées et a connu un succès considérable. Avec le Real Madrid, il a remporté quatre Ligues des champions de l'UEFA, quatre titres de champion d'Espagne, trois Coupes du Roi et plusieurs autres trophées nationaux et internationaux. Il a également été finaliste de la Coupe du monde en 2018 avec l'équipe nationale croate.

Surnommé "Le Magicien" en raison de sa capacité à orchestrer le jeu et à créer des occasions de but, Modric est connu pour son toucher de balle délicat, sa vision du jeu exceptionnelle et sa précision dans les passes. Il est également un excellent dribbleur et possède une technique de tir impressionnante.

Une anecdote notable sur Modric concerne son parcours difficile vers le succès. En tant que jeune joueur, il a dû surmonter de nombreux obstacles, notamment la guerre en Croatie qui a éclaté dans les années 1990. Sa famille a été déplacée et il a dû faire face à des conditions difficiles. Cependant, il a continué à persévérer dans le football et à travailler dur pour atteindre ses objectifs, ce qui témoigne de sa détermination et de son caractère.

En dehors du terrain, Modric est respecté pour son humilité et son fair-play. Il est considéré comme un exemple de professionnalisme et de leadership, tant au sein de son équipe que dans le monde du football en général. Il est également engagé dans des œuvres caritatives, soutenant des initiatives pour les enfants défavorisés et les personnes touchées par la guerre en Croatie.

Luka Modric est un footballeur croate exceptionnel, reconnu pour ses compétences techniques, son sens du jeu et sa contribution à son équipe et à ses clubs. Sa persévérance face à l'adversité et son caractère humble en font un modèle pour les jeunes joueurs. Il est un véritable maître du milieu de terrain et a laissé une empreinte durable dans l'histoire du football.

MANUEL NEUER

Manuel Neuer est un célèbre gardien de but allemand né le 27 mars 1986 à Gelsenkirchen, en Allemagne. Il est considéré comme l'un des meilleurs gardiens de but de sa génération et est réputé pour ses qualités athlétiques, son sang-froid et sa capacité à intervenir dans toutes les situations.

Neuer a commencé sa carrière professionnelle au club de Schalke 04, basé dans sa ville natale de Gelsenkirchen. Il a rejoint l'équipe première en 2006 et a rapidement fait sensation avec ses performances remarquables. Son talent lui a valu d'être remarqué par de grands clubs européens, et en 2011, il a rejoint le Bayern Munich, l'un des clubs les plus prestigieux d'Allemagne et d'Europe.

Au cours de sa carrière, Manuel Neuer a remporté de nombreux trophées et distinctions. Avec le Bayern Munich, il a remporté de multiples titres de champion d'Allemagne, des coupes nationales et des supercoupes. Il a également remporté la Ligue des champions de l'UEFA en 2013 et a été finaliste en 2020.

Au niveau international, il a représenté l'équipe nationale allemande et a remporté la Coupe du monde de la FIFA en 2014, où il a joué un rôle crucial dans le parcours de l'équipe en tant que gardien de but.
Le surnom de Manuel Neuer est "Manu". Ce surnom est souvent utilisé par ses coéquipiers et les fans pour se référer à lui de manière amicale.

Une anecdote vraie sur Manuel Neuer est son style de jeu révolutionnaire en tant que gardien de but. Il est connu pour sa capacité à sortir de sa surface de réparation et à jouer le rôle d'un "libéro" en intervenant dans le jeu défensif de son équipe. Neuer a été l'un des premiers gardiens de but à adopter cette approche, qui consiste à anticiper les attaques adverses en se positionnant plus haut sur le terrain et à utiliser ses pieds pour jouer le ballon. Cette technique a influencé de nombreux gardiens de but modernes et a redéfini le rôle traditionnel du gardien de but.

En dehors du terrain, Manuel Neuer est également impliqué dans des œuvres caritatives. Il est ambassadeur de diverses organisations et soutient des causes liées à l'éducation des enfants et à la lutte contre la pauvreté.

MARCO VERRATTI

Marco Verratti est un footballeur italien né le 5 novembre 1992 à Pescara, en Italie. Il est connu pour son talent technique, sa vision du jeu et sa capacité à dicter le rythme du milieu de terrain. Verratti a connu une ascension rapide dans le monde du football et est aujourd'hui considéré comme l'un des meilleurs milieux de terrain au monde.

Verratti a commencé sa carrière au sein du club italien de Pescara Calcio, où il a rapidement attiré l'attention grâce à ses performances impressionnantes. Il a été un élément clé de l'équipe qui a obtenu la promotion en Serie A lors de la saison 2011-2012. Sa vision du jeu et sa capacité à distribuer des passes précises ont été remarquées par de grands clubs européens.

En 2012, Verratti a rejoint le Paris Saint-Germain (PSG) en France. Son transfert a été un moment décisif dans sa carrière, car il a eu l'occasion de jouer au plus haut niveau et de se faire un nom dans le football européen.

Depuis son arrivée au PSG, Verratti est devenu un pilier du milieu de terrain de l'équipe, contribuant à de nombreux succès du club.

Au PSG, Verratti a remporté de nombreux trophées, dont sept championnats de France (Ligue 1), six Coupes de la Ligue et cinq Coupes de France. Il a également joué un rôle clé dans le parcours du club en Ligue des champions, atteignant la finale de la compétition en 2020.

Sur le plan international, Verratti a représenté l'équipe nationale italienne à plusieurs reprises. Il a participé à des compétitions majeures telles que l'Euro 2016 et la Coupe du Monde de la FIFA 2018. Verratti est apprécié pour son calme et sa capacité à contrôler le jeu au milieu de terrain, ce qui lui a valu le surnom de "Petit Hibou" en raison de sa vision et de sa perspicacité tactique.

Une anecdote sur Verratti est liée à son caractère compétitif. Lors d'un match de Ligue des champions contre le FC Barcelone en 2017, Verratti a été capturé par les caméras de télévision en train de crier et de montrer sa frustration envers ses coéquipiers après un but encaissé. Cette séquence a montré sa passion et son désir de gagner, ainsi que son leadership sur le terrain.

En dehors du terrain, Verratti est décrit comme une personne discrète et réservée. Il préfère la vie privée et évite les projecteurs autant que possible. Il est également impliqué dans des œuvres caritatives et soutient des organisations qui aident les enfants défavorisés.

Mario Balotelli

Mario Balotelli est un footballeur italien connu pour sa personnalité excentrique et son talent sur le terrain. Né le 12 août 1990 à Palerme, en Italie, Balotelli a connu une carrière tumultueuse mais fascinante dans plusieurs clubs européens.

Balotelli a commencé sa carrière professionnelle à l'Inter Milan, l'un des clubs les plus prestigieux d'Italie. C'est là qu'il a été formé et a fait ses débuts en équipe première en 2007. Sa force physique, sa vitesse et sa technique ont rapidement attiré l'attention des observateurs du football.

Avec l'Inter Milan, Balotelli a remporté plusieurs trophées, dont trois championnats italiens et une Ligue des champions de l'UEFA. Il a également été finaliste de l'Euro 2012 avec l'équipe nationale italienne, marquant notamment deux buts lors de la demi-finale contre l'Allemagne.

Surnommé "Super Mario" par les médias en raison de son prénom commun avec le personnage du jeu vidéo, Balotelli est souvent considéré comme un talent brut avec un potentiel énorme. Son style de jeu explosif et sa capacité à marquer des buts spectaculaires en ont fait l'un des joueurs les plus intrigants et polarisants du football.

Une anecdote vraie sur Balotelli est liée à son passage à Manchester City en Premier League anglaise. Lors d'un match contre Manchester United en 2011, Balotelli a marqué un but mémorable en effectuant un geste acrobatique, connu sous le nom de "manchette", pour envoyer le ballon dans les filets. Ce but a contribué à la victoire de Manchester City dans ce derby très attendu et a marqué les esprits des supporters et des observateurs du football.

Malgré ses performances impressionnantes sur le terrain, Balotelli a souvent été critiqué pour son comportement hors du terrain. Il a été impliqué dans des incidents disciplinaires, des altercations avec des coéquipiers et des déclarations controversées dans les médias. Ces comportements ont souvent éclipsé son talent footballistique et ont rendu sa carrière plus tumultueuse.

En termes de trophées, Balotelli a remporté plusieurs championnats nationaux, dont la Serie A italienne et la Premier League anglaise. Il a également remporté la Coupe d'Italie et la Coupe d'Angleterre. Malgré ses succès, sa carrière a été marquée par des transferts fréquents entre différents clubs, souvent en raison de conflits internes ou de différends avec les entraîneurs et les dirigeants.

Mario Balotelli n'en reste pas moins un footballeur talentueux mais controversé. Avec ses performances spectaculaires sur le terrain et sa personnalité hors norme, Balotelli a suscité l'admiration des fans de football du monde entier.

MESUT ÖZIL

Mesut Özil est un footballeur allemand d'origine turque, né le 15 octobre 1988 à Gelsenkirchen, en Allemagne. Il est largement reconnu pour ses compétences techniques exceptionnelles, sa vision de jeu et sa capacité à créer des opportunités pour ses coéquipiers. Özil est considéré comme l'un des meilleurs meneurs de jeu du monde.

Özil a commencé sa carrière professionnelle au sein du club allemand Schalke 04, où il a rejoint l'académie de jeunes en 2005. Il a rapidement fait ses débuts en équipe première et s'est imposé comme l'un des jeunes talents les plus prometteurs du football allemand. Son talent a attiré l'attention du Werder Brême, qui l'a recruté en 2008. C'est sous les couleurs du Werder Brême qu'Özil a connu une ascension fulgurante et a attiré l'attention des grands clubs européens.

En 2010, Özil a rejoint le Real Madrid, l'un des clubs les plus prestigieux du monde. Sous la direction de l'entraîneur José Mourinho,

Özil a joué un rôle clé dans le milieu de terrain madrilène et a contribué à remporter plusieurs trophées, dont la Liga espagnole en 2012. En 2013, il a ensuite été transféré à Arsenal, où il est devenu un joueur emblématique du club. Avec Arsenal, Özil a remporté trois fois la Coupe d'Angleterre (FA Cup) et a été un pilier de l'équipe jusqu'à son départ en 2021.

Özil est surnommé "le Magicien" en raison de sa capacité à créer des occasions de but avec des passes précises et créatives. Son jeu élégant et sa technique fine lui ont valu ce surnom évocateur. Özil est également connu pour sa vision du jeu et sa capacité à lire le jeu, ce qui lui permet de distribuer des passes décisives de manière spectaculaire.

Une anecdote sur Mesut Özil est liée à son engagement en dehors des terrains. En 2014, lors de la Coupe du Monde de la FIFA au Brésil, Özil a décidé de faire don de sa prime de victoire de la Coupe du Monde à des organisations caritatives pour les enfants malades au Brésil. Cette généreuse action a été largement saluée et a montré l'engagement social d'Özil et sa volonté de redonner à la communauté.

En dehors du football, Özil est également connu pour son activisme et son engagement en faveur de l'égalité et de la justice sociale. Il a exprimé son soutien à des causes telles que les droits des enfants, la lutte contre le racisme et l'aide aux réfugiés. Özil a utilisé sa notoriété pour sensibiliser l'opinion publique et faire entendre sa voix sur des questions sociales importantes.

Michel Platini

Michel Platini est une figure emblématique du football français et international. Né le 21 juin 1955 à Joeuf, en France, il est considéré comme l'un des plus grands joueurs de tous les temps. Son intelligence tactique, sa vision du jeu et son talent technique en font l'un des milieux de terrain les plus accomplis de l'histoire du football.

Platini a commencé sa carrière professionnelle au sein de l'AS Nancy-Lorraine, un club français, où il a fait ses débuts en équipe première en 1972. Il s'est rapidement imposé comme un joueur exceptionnel, capable de marquer des buts et de dicter le rythme du jeu. Son jeu créatif et ses passes précises ont fait de lui un atout essentiel pour son équipe.

En 1979, Platini a rejoint la Juventus de Turin, en Italie, où il a connu le succès le plus marquant de sa carrière. Sous les couleurs de la Juventus, il a remporté de nombreux trophées, dont celui de meilleur buteur du championnat italien en 1985. Il a également remporté la Coupe d'Italie à deux reprises et a été finaliste de la Coupe des champions de l'UEFA en 1983.

Son partenariat avec d'autres grands joueurs comme Paolo Rossi et Marco Tardelli a permis à la Juventus de dominer le football italien et européen pendant cette période.

Au niveau international, Michel Platini a représenté l'équipe nationale française et a été le capitaine de l'équipe qui a remporté le Championnat d'Europe de l'UEFA en 1984. Il a joué un rôle clé dans cette victoire en marquant neuf buts au cours du tournoi, un record qui tient toujours aujourd'hui. Platini a été le meilleur buteur du championnat et a été désigné meilleur joueur du tournoi, confirmant ainsi sa réputation de joueur d'exception.

Platini a remporté de nombreux honneurs individuels tout au long de sa carrière. Il a été récompensé par le Ballon d'Or, qui récompense le meilleur joueur européen, à trois reprises consécutives de 1983 à 1985. Il est également l'un des rares joueurs à avoir remporté le titre du meilleur buteur du championnat d'Europe à trois reprises.

Le surnom de Michel Platini est "Platoche", donné par les fans et les médias en raison de sa maîtrise du ballon et de sa capacité à orchestrer le jeu. Ce surnom témoigne de son talent exceptionnel et de sa vision du jeu sur le terrain.

Une anecdote célèbre sur Michel Platini est liée à la finale de la Coupe des champions de l'UEFA en 1985, où la Juventus affrontait Liverpool. Platini a ouvert le score pour la Juventus d'un superbe penalty à la 56e minute du match. Cette action permis à la Juventus de remporter le titre de champion.

Après sa carrière de joueur, Michel Platini s'est également impliqué dans la gestion du football. Il a été président de l'UEFA de 2007 à 2015, où il a joué un rôle clé dans le développement et la promotion du football en Europe.

MOHAMED SALAH

Mohamed Salah est un footballeur égyptien qui est devenu l'une des stars les plus célèbres du football mondial. Né le 15 juin 1992 à Nagrig, en Égypte, Salah a connu une ascension remarquable au cours de sa carrière.

Salah a commencé sa carrière dans le club égyptien d'El Mokawloon, où il a fait ses débuts professionnels en 2010. Ses performances impressionnantes ont attiré l'attention de clubs européens, et en 2012, il a rejoint le FC Bâle en Suisse. C'est là-bas qu'il a véritablement lancé sa carrière internationale, marquant des buts importants et aidant le club à remporter le titre de champion de Suisse.

En 2014, Salah a rejoint Chelsea en Premier League anglaise, mais il a eu du mal à s'imposer dans l'équipe. Il a ensuite été prêté à la Fiorentina en Italie et à l'AS Roma, où il a connu un grand succès. En 2017, Salah a signé avec Liverpool, un transfert qui allait changer sa carrière de manière spectaculaire.

Surnommé "The Egyptian King" par les fans, Salah a connu une saison exceptionnelle en 2017-2018 avec Liverpool. Il a marqué 32 buts en Premier League, établissant ainsi un nouveau record de buts marqués en une seule saison dans le championnat anglais. Il a également été un élément clé de l'équipe qui a atteint la finale de la Ligue des champions de l'UEFA, où Liverpool a finalement été battu par le Real Madrid.

Au cours de sa carrière, Salah a remporté plusieurs trophées. Avec Liverpool, il a remporté le championnat anglais en 2020 et la Ligue des champions de l'UEFA en 2019. Il a également remporté deux Coupes d'Afrique des Nations avec l'équipe nationale égyptienne en 2019 et 2021.

En dehors du terrain, Salah est également impliqué dans des activités caritatives. Il est ambassadeur de l'UNICEF et soutient diverses initiatives visant à aider les enfants en Égypte et dans le monde.

Une anecdote vraie sur Salah est liée à sa popularité en Égypte. Après avoir marqué le but de la qualification de l'Égypte pour la Coupe du monde de la FIFA 2018, des milliers de supporters égyptiens sont descendus dans les rues pour célébrer et exprimer leur gratitude envers Salah. Il est devenu une icône nationale et un symbole d'espoir pour de nombreux Égyptiens.

NEYMAR JUNIOR

Neymar Junior, de son vrai nom Neymar da Silva Santos Junior, est un footballeur brésilien né le 5 février 1992 à Mogi das Cruzes, dans l'État de São Paulo, au Brésil. Il est considéré comme l'un des joueurs les plus talentueux de sa génération et a su se faire une place parmi les meilleurs au monde.

Neymar a lancé sa carrière dans le club brésilien de Santos FC. Dès son jeune âge, il a montré des qualités exceptionnelles et a rapidement attiré l'attention des recruteurs internationaux. En 2013, il a rejoint le FC Barcelone en Espagne, où il a formé un célèbre trio d'attaque avec Lionel Messi et Luis Suarez. Après un passage remarqué en Europe, il a ensuite rejoint le Paris Saint-Germain (PSG) en 2017, devenant ainsi l'un des transferts les plus chers de l'histoire du football.

Au cours de sa carrière, Neymar a remporté de nombreux trophées. Avec Santos FC, il a remporté le championnat brésilien et la Copa Libertadores en 2011, ainsi que la Recopa Sudamericana en 2012.

Avec le FC Barcelone, il a remporté deux titres de la Liga, trois Coupes du Roi et une Ligue des champions de l'UEFA en 2015. Depuis son arrivée au PSG, il a remporté plusieurs titres de champion de France et a également connu des succès individuels en tant que meilleur buteur et meilleur joueur du championnat.

Neymar est surnommé "Ney" ou "Neymar Jr." par ses fans et ses coéquipiers. Son style de jeu est caractérisé par sa vitesse, sa technique exceptionnelle, sa créativité et sa capacité à dribbler avec aisance. Il est également connu pour ses acrobaties et ses feintes déconcertantes, ce qui lui a valu une place parmi les joueurs les plus spectaculaires du monde.

Une anecdote célèbre sur Neymar concerne son transfert record au PSG en 2017. Le montant du transfert s'élevait à environ 222 millions d'euros, ce qui en faisait le transfert le plus cher de l'histoire du football à l'époque. Ce transfert a suscité beaucoup de discussions et de débats, mais Neymar a rapidement justifié son prix en devenant l'un des piliers de l'équipe parisienne et en réalisant des performances remarquables sur le terrain.

En dehors du terrain, Neymar est également connu pour son engagement dans des causes sociales. Il participe régulièrement à des actions caritatives et utilise sa renommée pour sensibiliser aux problèmes sociaux et environnementaux. Il est également un ambassadeur de bonne volonté de l'UNICEF et soutient diverses initiatives en faveur de l'éducation des enfants défavorisés.

Neymar Junior est un joueur de foot talentueux et polyvalent. Il a connu du succès dans plusieurs clubs prestigieux, remportant de nombreux trophées tout en se faisant un nom parmi les meilleurs joueurs du monde. Son style de jeu spectaculaire et sa personnalité charismatique en font l'une des figures les plus marquantes du football contemporain.

OLIVIER GIROUD

Olivier Giroud est un footballeur français qui est né le 30 septembre 1986 à Chambéry, en France. Il est connu pour sa stature imposante, sa force physique et son sens du but. Giroud a connu une carrière professionnelle réussie avec plusieurs clubs prestigieux et a également représenté l'équipe nationale française.

Giroud a commencé sa carrière professionnelle au club français Grenoble Foot 38 en 2005. Cependant, il a réellement lancé sa carrière lorsqu'il a rejoint le Montpellier Hérault Sport Club en 2010. Sous la direction de l'entraîneur René Girard, Giroud a connu une ascension rapide et a été un élément clé de l'équipe qui a remporté le championnat de France de Ligue 1 lors de la saison 2011-2012. Ses performances impressionnantes ont attiré l'attention des grands clubs européens.

En 2012, Giroud a été transféré à Arsenal, en Angleterre, où il a passé six saisons. Avec les Gunners, il a remporté trois FA Cups (2014, 2015 et 2017) et trois Community Shields (2014, 2015 et 2017).

Giroud a marqué de nombreux buts importants pour Arsenal et est devenu l'un des meilleurs buteurs de l'histoire du club.

En 2018, Giroud a rejoint Chelsea, un autre club anglais de renom. Avec Chelsea, il a remporté la Ligue Europa en 2019 et la Ligue des champions en 2021. Giroud a été un membre précieux de l'équipe pendant son séjour à Chelsea, apportant son expérience et sa capacité à marquer des buts dans des moments cruciaux.

En ce qui concerne l'équipe nationale française, Giroud a représenté son pays à plusieurs reprises. Il a participé à trois championnats d'Europe (2012, 2016 et 2020) et à deux Coupes du Monde de la FIFA (2014 et 2018). Giroud a remporté la Coupe du Monde de la FIFA en 2018, où il a été un membre clé de l'équipe qui a triomphé en Russie. Bien qu'il ait parfois été critiqué pour son style de jeu, Giroud est apprécié pour son rôle d'équipe et sa capacité à marquer des buts importants. En 2023, il est actuellement le meilleur buteur de l'équipe de France de football.

Olivier Giroud est souvent surnommé "L'Apache" en raison de ses origines italiennes et de ses performances féroces sur le terrain. Le surnom fait référence aux guerriers indigènes américains connus pour leur détermination et leur combativité. Giroud est admiré pour son travail acharné, son jeu physique et sa capacité à marquer des buts de différentes manières.

Une anecdote vraie sur Giroud est liée à son sens du but exceptionnel. Lors d'un match de qualification pour la Coupe du Monde 2018 contre la Suède, Giroud a marqué un but de la talonnade qui a été salué comme l'un des plus beaux buts de sa carrière. Ce but spectaculaire a démontré sa créativité et sa capacité à marquer des buts d'une manière peu orthodoxe.

En dehors du terrain, Giroud est également connu pour son charisme et son implication dans des œuvres caritatives.

Philipp Lahm

Philipp Lahm est l'un des plus grands défenseurs allemands de sa génération et une véritable légende du football. Né le 11 novembre 1983 à Munich, en Allemagne, Lahm a connu une carrière exceptionnelle avec le Bayern Munich et l'équipe nationale allemande.

Lahm a débuté sa carrière de joueur de football dans les équipes de jeunes du Bayern Munich, son club de cœur. Il a rapidement gravi les échelons et a fait ses débuts en équipe première en 2002. Dès le début, il a montré des qualités exceptionnelles en tant que défenseur latéral droit.

Au Bayern Munich, Lahm a remporté de nombreux titres et est devenu l'un des joueurs les plus influents de l'histoire du club. Il a remporté huit titres de champion d'Allemagne, six coupes d'Allemagne et une Ligue des champions de l'UEFA. En 2013, il a été le capitaine de l'équipe lors de la victoire du Bayern Munich en Ligue des champions.

En équipe nationale allemande, Lahm a été un pilier de l'équipe qui a atteint la finale de la Coupe du Monde de la FIFA en 2002 et 2010, et a remporté la compétition en 2014. Il a également participé à plusieurs championnats d'Europe, dont l'Euro 2008, où l'Allemagne a atteint la finale. Il a pris sa retraite internationale après la Coupe du Monde 2014 et a été salué comme l'un des meilleurs joueurs de l'équipe allemande de tous les temps.

Philipp Lahm était surnommé "Magic Dwarf" en raison de sa petite taille et de ses capacités incroyables sur le terrain. Malgré sa stature modeste, il compensait sa taille par sa lecture du jeu exceptionnelle, sa technique précise et son intelligence tactique. Il était reconnu pour sa polyvalence, étant capable de jouer aussi bien en tant que défenseur latéral droit que gauche.

Une anecdote vraie sur Lahm est liée à la Coupe du Monde 2014. Lors du match d'ouverture de la compétition contre le Portugal, Lahm a marqué un but spectaculaire en première mi-temps. Ce but a été un moment décisif pour l'équipe allemande et a lancé leur campagne victorieuse en Coupe du Monde. Ce but a également montré la capacité de Lahm à contribuer offensivement en plus de ses qualités défensives.

En dehors du terrain, Lahm est connu pour son engagement social et son leadership. Il est le fondateur de la Philipp Lahm Foundation, qui soutient des projets éducatifs et sociaux pour les enfants. Lahm est également un homme d'affaires prospère et un ambassadeur de bonnes causes, et il est respecté pour sa vision et son intégrité.

Après sa retraite en tant que joueur en 2017, Lahm est resté impliqué dans le football en occupant des postes de direction. Il a été membre du comité d'organisation de la Coupe du Monde 2022 au Qatar et a joué un rôle clé dans la planification et l'organisation du tournoi.

PELÉ

Pelé, de son vrai nom Edson Arantes do Nascimento, était l'un des joueurs de football les plus légendaires et vénérés de tous les temps. Né le 23 octobre 1940 à Três Corações, au Brésil, il est souvent considéré comme le plus grand footballeur de l'histoire.

Pelé a lancé sa carrière au sein du club brésilien Santos, où il a fait ses débuts en équipe première à l'âge de 15 ans seulement en 1956. C'est avec Santos qu'il a connu la majeure partie de son succès. Pendant ses années au club, Pelé a remporté de nombreux titres, dont dix championnats brésiliens et de nombreuses coupes nationales. Il a également été le fer de lance de l'équipe lors de leurs succès en Copa Libertadores, remportant le tournoi sud-américain à deux reprises.

Au niveau international, Pelé a joué pour l'équipe nationale brésilienne et a remporté trois Coupes du monde de la FIFA en 1958, 1962 et 1970. Il était un acteur clé dans toutes ces victoires et est le seul joueur à ce jour à avoir remporté trois fois le titre de la Coupe du monde.

Pendant la Coupe du monde de 1970 au Mexique, Pelé a impressionné le monde entier avec son jeu magistral et son partenariat mémorable avec d'autres grands joueurs brésiliens tels que Jairzinho et Carlos Alberto. Le Brésil a remporté le tournoi de manière éclatante et Pelé a été élu meilleur joueur du tournoi.

En ce qui concerne les trophées, Pelé a remporté un nombre impressionnant de titres tout au long de sa carrière. Outre ses trois Coupes du monde, il a également remporté de nombreux championnats brésiliens avec Santos. Sur la scène internationale, il a remporté deux fois la Copa Libertadores avec Santos. Pelé a également remporté la Coupe Intercontinentale à deux reprises, opposant les champions européens et sud-américains de l'époque.

Pelé est souvent surnommé "O Rei" ("Le Roi" en portugais) en raison de son statut inégalé dans le monde du football. Son talent extraordinaire, sa technique, sa vitesse, sa force et son instinct de buteur lui ont valu ce titre royal.

Une anecdote célèbre sur Pelé est liée à la finale de la Coupe du monde de la FIFA en 1970. Lors du match décisif contre l'Italie, Pelé a réalisé un geste incroyablement audacieux. Alors qu'il se trouvait près du milieu de terrain, il a reçu un centre en l'air et a décidé de tenter un tir de volée. Le ballon a été frappé avec une telle puissance et précision qu'il a trouvé le fond des filets, laissant le gardien italien sans aucune chance de l'arrêter. Ce but spectaculaire a été l'un des moments les plus emblématiques de la carrière de Pelé et est souvent considéré comme l'un des plus grands buts de l'histoire du football.

Pelé a eu une carrière remarquable qui a influencé le football à jamais. Après sa retraite, il est devenu un ambassadeur du sport et a œuvré pour promouvoir le football dans le monde entier. Il est également un symbole d'unité et de fierté nationale au Brésil, où il est vénéré comme une icône du sport.

RONALDO

Ronaldo Nazário de Lima, communément appelé Ronaldo, est l'un des plus grands footballeurs de tous les temps. Il est né le 22 septembre 1976 à Rio de Janeiro, au Brésil. Sa carrière dans le football a été extraordinaire, marquée par son talent exceptionnel, sa vitesse, sa force physique et son instinct de buteur.

Ronaldo a commencé sa carrière professionnelle au Brésil, dans le club de Cruzeiro. À l'âge de 17 ans, il a déjà impressionné les observateurs avec ses performances remarquables et sa capacité à marquer des buts spectaculaires. Son succès rapide l'a conduit à rejoindre le club néerlandais du PSV Eindhoven en 1994, où il a continué à briller et à attirer l'attention des plus grands clubs européens.

Après une période réussie au PSV, Ronaldo a rejoint le FC Barcelone en 1996. C'est là qu'il a connu l'apogée de sa carrière, devenant l'un des meilleurs attaquants au monde. Il a remporté de nombreux trophées avec Barcelone, dont la Coupe d'Espagne et la Supercoupe d'Espagne.

Son surnom le plus célèbre est "Il Fenomeno", qui signifie "le Phénomène", en raison de ses performances exceptionnelles sur le terrain.

En 1997, Ronaldo a rejoint l'Inter Milan, en Italie, dans le cadre d'un transfert record à l'époque. Il a continué à impressionner avec sa rapidité et sa capacité à marquer des buts. Ronaldo a remporté plusieurs titres avec l'Inter Milan, notamment le championnat d'Italie, la Coupe d'Italie et la Supercoupe de l'UEFA.

Malheureusement, des blessures graves ont marqué la carrière de Ronaldo. En 1999, il a subi une grave blessure au genou qui a nécessité une intervention chirurgicale et une longue période de récupération. Malgré cela, il est revenu sur le terrain et a continué à marquer des buts importants.

L'une des anecdotes les plus marquantes de Ronaldo concerne la Coupe du Monde de la FIFA en 2002. Alors qu'il était en phase de guérison après sa blessure au genou, Ronaldo a fait un retour triomphal lors du tournoi. Il a été le meilleur buteur de la compétition, marquant huit buts au total, et a joué un rôle clé dans la victoire du Brésil en finale contre l'Allemagne. Cette performance incroyable a montré la détermination et la force mentale de Ronaldo.

Au total, Ronaldo a remporté de nombreux trophées tout au long de sa carrière, y compris deux Coupes du Monde de la FIFA avec l'équipe nationale brésilienne en 1994 et 2002. Il a également remporté trois fois le FIFA World Player of the Year et deux fois le Ballon d'Or. Son talent incontesté et ses réalisations exceptionnelles font de lui l'un des plus grands attaquants de tous les temps.

Après sa retraite du football professionnel en 2011, Ronaldo s'est impliqué dans diverses activités, notamment dans les affaires et la philanthropie. Il reste une icône du football.

ROBERT LEWANDOWSKI

Robert Lewandowski est un footballeur professionnel polonais né le 21 août 1988 à Varsovie, en Pologne. Il est considéré comme l'un des meilleurs attaquants de sa génération et a marqué de nombreux buts tout au long de sa carrière, se distinguant par sa technique, sa puissance et son sens du placement.

Lewandowski a commencé sa carrière professionnelle au sein du club polonais Znicz Pruszków, où il a attiré l'attention avec ses performances remarquables. Cela lui a valu un transfert au Lech Poznań, l'un des clubs les plus populaires de Pologne, en 2008. C'est avec Lech Poznań qu'il a réellement lancé sa carrière et s'est fait un nom en tant que buteur prolifique.

Après avoir connu du succès avec Lech Poznań, Lewandowski a été recruté par le Borussia Dortmund en 2010. Sous la direction de l'entraîneur Jürgen Klopp, il est devenu l'un des joueurs clés de l'équipe et a aidé le club à remporter plusieurs titres, notamment deux championnats d'Allemagne et une finale de Ligue des champions.

En 2014, Lewandowski a rejoint le Bayern Munich, l'un des clubs les plus prestigieux d'Europe. Depuis lors, il a continué à briller et à établir de nombreux records. Avec le Bayern Munich, il a remporté de nombreux titres, dont sept championnats d'Allemagne, cinq Coupes d'Allemagne et une Ligue des champions. Il a également été le meilleur buteur de la Bundesliga à plusieurs reprises.

Surnommé "LewanGOALski", Lewandowski est réputé pour sa capacité à marquer des buts de toutes les manières possibles. Il est extrêmement adroit devant le but et possède une excellente finition. Sa capacité à trouver les espaces et à convertir les occasions en buts en fait l'un des attaquants les plus redoutables du monde.

Une anecdote notable sur Lewandowski est sa performance historique lors d'un match de Bundesliga en 2015. Alors qu'il jouait pour le Bayern Munich, il est entré en jeu à la 46e minute et a marqué cinq buts en seulement neuf minutes contre le club de Wolfsburg. Cette performance incroyable lui a valu d'établir un nouveau record en tant que joueur ayant marqué le plus rapidement cinq buts dans un match de la Bundesliga.

En dehors du terrain, Lewandowski est également engagé dans des œuvres caritatives. Lui et sa femme Anna ont créé la Fondation Robert Lewandowski, qui soutient des projets éducatifs et sportifs pour les enfants.

RONALDINHO

Ronaldinho, de son nom complet Ronaldo de Assis Moreira, est un ancien footballeur brésilien qui a marqué l'histoire du football par son style de jeu flamboyant et sa créativité sur le terrain. Né le 21 mars 1980 à Porto Alegre, au Brésil, Ronaldinho est considéré comme l'un des meilleurs joueurs de sa génération.

Ronaldinho a commencé sa carrière professionnelle au sein du club brésilien Gremio en 1998. Il a rapidement attiré l'attention des grands clubs européens par ses dribbles audacieux, sa technique exceptionnelle et sa capacité à marquer des buts spectaculaires. En 2001, il a rejoint le Paris Saint-Germain, où il a fait ses débuts en Europe et a continué à éblouir les amateurs de football avec ses performances éblouissantes.

Cependant, c'est lors de son passage au FC Barcelone de 2003 à 2008 que Ronaldinho a connu son apogée. Surnommé "Ronnie" ou "Dinho" par ses fans, il a remporté de nombreux trophées avec le club catalan, dont deux titres de champion d'Espagne et une Ligue des champions de l'UEFA en 2006.

Il a également reçu le Ballon d'Or en 2005 en tant que meilleur joueur du monde.

Ronaldinho a également connu le succès en équipe nationale brésilienne. Il a représenté le Brésil lors de plusieurs tournois majeurs, notamment la Coupe du monde de la FIFA. En 2002, il a joué un rôle clé dans la victoire du Brésil en remportant la Coupe du monde en Corée du Sud et au Japon. Sa performance remarquable lors du tournoi lui a valu des éloges pour sa contribution au succès de son équipe.

En termes de trophées, Ronaldinho a remporté de nombreux titres tout au long de sa carrière. Outre les titres de champion d'Espagne et la Ligue des champions avec le FC Barcelone, il a également remporté deux Copa America avec l'équipe nationale brésilienne en 1999 et 2004. Il a également remporté la Coupe du monde des clubs de la FIFA avec le Barça en 2006.

Une anecdote vraie sur Ronaldinho est son fameux coup franc contre l'Angleterre lors d'un match amical en 2002. Le Brésil était mené 1-0 lorsque Ronaldinho a marqué un coup franc direct spectaculaire à près de 30 mètres de distance. Sa frappe a déjoué le gardien anglais David Seaman et a permis au Brésil d'égaliser. Ce but est resté dans les mémoires en raison de la précision et de la puissance de la frappe de Ronaldinho, ainsi que de la portée du gardien de but anglais qui a été pris par surprise.

En dehors du terrain, Ronaldinho est connu pour son charisme et sa personnalité joyeuse. Il a toujours été apprécié de ses coéquipiers et des supporters pour son attitude positive et son sourire constant. Après sa retraite en 2018, Ronaldinho s'est consacré à des activités philanthropiques et a continué à être un ambassadeur du football dans le monde entier.

SAMUEL ETO'O

Samuel Eto'o, de son nom complet Samuel Eto'o Fils, est un ancien footballeur camerounais né le 10 mars 1981 à Nkon, au Cameroun. Il est considéré comme l'un des plus grands attaquants africains de tous les temps.

Sa carrière professionnelle a commencé au club camerounais du Kadji Sports Academy, où il a été repéré par des recruteurs de l'équipe espagnole du Real Madrid. En 1997, à l'âge de 16 ans, il rejoint le Real Madrid Castilla, l'équipe réserve du Real Madrid. Il a ensuite été prêté à plusieurs clubs, notamment à Leganés et à l'Espanyol Barcelone, avant de rejoindre le Real Majorque en 2000. C'est avec ce club qu'il a véritablement lancé sa carrière et attiré l'attention des grands clubs européens.

Samuel Eto'o a ensuite joué pour plusieurs des meilleurs clubs européens, notamment le FC Barcelone, l'Inter Milan et Chelsea. Il a remporté de nombreux trophées tout au long de sa carrière. Avec le FC Barcelone, il a remporté trois titres de la Ligue des champions de l'UEFA et trois titres de la Liga.

Avec l'Inter Milan, il a remporté deux autres titres de la Ligue des champions et un titre de Serie A. Il a également remporté plusieurs coupes nationales et individuelles, et il est le seul joueur à avoir remporté deux triplés consécutifs en Ligue des champions avec deux clubs différents.

Surnommé "Samuelinho" ou "Pichichi", en référence à son style de jeu flamboyant et à sa capacité à marquer de nombreux buts, Samuel Eto'o était connu pour sa vitesse, son agilité, son sens du but et sa capacité à être décisif dans les moments clés. Il était également reconnu pour son leadership sur et en dehors du terrain, et pour son engagement envers des causes humanitaires.

Une anecdote sur Samuel Eto'o est liée à sa participation à la Coupe du Monde de la FIFA 2010 en Afrique du Sud. Pendant le tournoi, le Cameroun a connu des difficultés sur le terrain et des tensions en interne. Eto'o, en tant que capitaine de l'équipe, a joué un rôle essentiel dans le maintien de l'unité et de la motivation du groupe.

Malgré les résultats décevants de l'équipe, Eto'o a montré une grande classe en assumant la responsabilité de la situation et en restant un leader positif pour ses coéquipiers. Son comportement exemplaire dans des circonstances difficiles a été largement salué et a renforcé sa réputation en tant que joueur respecté et modèle pour les jeunes footballeurs.

Samuel Eto'o a pris sa retraite du football professionnel en 2019, laissant derrière lui un héritage impressionnant en tant que l'un des plus grands attaquants de sa génération et l'un des meilleurs joueurs africains de tous les temps. Sa carrière illustre non seulement son talent exceptionnel sur le terrain, mais aussi son dévouement envers le football, son leadership et son impact positif en dehors des terrains.

SERGIO RAMOS

Sergio Ramos est un footballeur espagnol né le 30 mars 1986 à Camas, en Espagne. Il est largement reconnu comme l'un des meilleurs défenseurs de sa génération et a laissé une empreinte indélébile dans l'histoire du football.

Ramos a commencé sa carrière professionnelle au sein du club espagnol du FC Séville en 2004. Il a rapidement attiré l'attention grâce à ses performances impressionnantes en défense et à sa polyvalence sur le terrain. En 2005, il a rejoint le Real Madrid, l'un des clubs les plus prestigieux au monde, où il a lancé sa carrière au plus haut niveau.

Au cours de sa carrière, Ramos a remporté un nombre impressionnant de trophées. Avec le Real Madrid, il a remporté de nombreux titres nationaux et internationaux, notamment cinq titres de la Ligue des champions de l'UEFA et quatre titres de la Coupe du Monde des Clubs de la FIFA. Il a également remporté cinq titres de la Liga, deux Coupes d'Espagne et quatre Supercoupes d'Espagne. En tant que capitaine du Real Madrid, Ramos a été un leader charismatique et a joué un rôle clé dans les succès du club au fil des ans.

Le surnom de Sergio Ramos est "SR4", en référence à ses initiales et à son numéro de maillot. Il est également surnommé "El Capitán" en raison de son rôle de capitaine du Real Madrid et de l'équipe nationale espagnole.

Une anecdote célèbre sur Sergio Ramos remonte à la finale de la Ligue des champions de l'UEFA en 2014. Alors que le Real Madrid affrontait l'Atlético Madrid, Ramos a marqué un but crucial à la 93e minute du match, forçant ainsi la prolongation. Ce but a permis au Real Madrid de revenir de l'arrière et de remporter finalement le match et le titre de la Ligue des champions. Ce moment a été considéré comme emblématique de l'esprit combatif et de la détermination de Ramos à ne jamais abandonner, ainsi que de son influence positive sur l'équipe.

En plus de ses exploits sur le terrain, Sergio Ramos est également connu pour son style de jeu physique, sa capacité à marquer des buts importants en tant que défenseur et son leadership sur le terrain. Il est réputé pour sa force, son agilité et sa détermination à protéger la ligne arrière de son équipe.

En dehors du football, Ramos est également engagé dans des œuvres caritatives et est impliqué dans des projets philanthropiques. Il est respecté pour son engagement envers la communauté et son soutien à diverses causes sociales.

En somme, Sergio Ramos est un défenseur légendaire qui a laissé une marque indélébile dans le monde du football. Son palmarès impressionnant, son leadership sur le terrain et sa personnalité charismatique en font l'une des figures les plus emblématiques du jeu.

Thierry Henry

Thierry Henry est l'un des footballeurs français les plus emblématiques de sa génération. Né le 17 août 1977 à Les Ulis, en France, il a connu une carrière exceptionnelle tant en club qu'en équipe nationale.

Henry a lancé sa carrière professionnelle à l'AS Monaco, un club français, où il a fait ses débuts en équipe première en 1994. Ses performances remarquables lui ont valu une reconnaissance rapide, et il a rapidement attiré l'attention des grands clubs européens.

C'est avec Arsenal, en Angleterre, que Thierry Henry a connu ses années les plus fructueuses et marquantes. Il a rejoint le club en 1999 et est devenu une véritable icône du football au cours de ses huit saisons avec les Gunners. Son association avec l'entraîneur Arsène Wenger a été l'un des éléments clés de sa réussite.

Avec Arsenal, Henry a remporté de nombreux titres, dont deux championnats de Premier League et trois coupes d'Angleterre.

Il a également été un élément essentiel de l'équipe invincible d'Arsenal en 2003-2004, qui a réalisé l'exploit remarquable de rester invaincue pendant toute la saison de Premier League.

Sur la scène internationale, Henry a également laissé sa marque. Il a représenté l'équipe nationale française et a été un membre clé de l'équipe qui a remporté la Coupe du Monde de la FIFA en 1998 et l'Euro 2000. Il est le meilleur buteur de tous les temps de l'équipe de France avec 51 buts en 123 sélections.

Thierry Henry était surnommé "Titi" par ses coéquipiers et les fans. Ce surnom affectueux est dérivé de "Petit Titi", en référence à son physique mince et à sa vitesse impressionnante sur le terrain.

Une anecdote vraie sur Thierry Henry est liée à son passage à Arsenal. Lors d'un match de Premier League contre Manchester United en octobre 2000, Henry a marqué un but spectaculaire après une course individuelle de près de 70 mètres. Sa vitesse, sa technique et sa finition précise ont été mises en valeur dans cette action, qui est souvent considérée comme l'un des plus beaux buts de l'histoire de la Premier League.

En dehors du terrain, Thierry Henry est également connu pour son engagement philanthropique. Il est ambassadeur de bonne volonté de l'UNICEF et a fondé la Thierry Henry Foundation, qui vise à améliorer les conditions de vie des enfants défavorisés.

THOMAS MÜLLER

Thomas Müller, de son nom complet Thomas Müller, est un footballeur professionnel allemand né le 13 septembre 1989 à Weilheim, en Allemagne. Il est largement reconnu comme l'un des meilleurs joueurs allemands de sa génération et a connu une carrière réussie avec le Bayern Munich et l'équipe nationale allemande.

Müller a commencé sa carrière de footballeur au sein du club de sa ville natale, le TSV Pähl. Il a ensuite rejoint les équipes de jeunes du Bayern Munich, où il a été formé et a rapidement attiré l'attention pour son talent et son intelligence tactique sur le terrain. En 2008, il a fait ses débuts professionnels avec le Bayern Munich.

Au cours de sa carrière, Müller a remporté de nombreux trophées avec le Bayern Munich. Il a remporté plusieurs titres de champion d'Allemagne, des Coupes d'Allemagne et a également été un acteur clé lors de la victoire de l'équipe en Ligue des champions à plusieurs reprises. Il a également remporté la Coupe du monde avec l'équipe nationale allemande en 2014.

Müller est surnommé "Raumdeuter", ce qui signifie "l'interprète de l'espace" en allemand. Ce surnom lui a été donné en raison de sa capacité unique à trouver et exploiter les espaces libres sur le terrain. Il a un sens inné du positionnement et de la lecture du jeu, ce qui lui permet de se retrouver souvent au bon endroit au bon moment pour marquer des buts ou fournir des passes décisives.

Une anecdote célèbre sur Müller est sa performance lors de la Coupe du monde 2010 en Afrique du Sud. Lors de ce tournoi, il a marqué cinq buts et a été le meilleur buteur de l'équipe allemande, contribuant ainsi à la troisième place de l'Allemagne dans la compétition. Sa performance remarquable lui a valu le titre de meilleur jeune joueur du tournoi et a attiré l'attention du monde entier sur son talent.

En dehors du terrain, Müller est connu pour son attitude positive et son sens de l'humour. Il est souvent vu en train de sourire et de plaisanter, ce qui lui vaut d'être apprécié par ses coéquipiers et les fans. Il est également impliqué dans des œuvres caritatives et s'engage à donner en retour à la communauté.

VINÍCIUS JÚNIOR

Vinicius Junior est un footballeur brésilien né le 12 juillet 2000 à São Gonçalo, au Brésil. Il est connu pour son talent, sa vitesse et sa technique exceptionnelle sur le terrain. Vinicius a rapidement attiré l'attention des amateurs de football du monde entier en raison de ses performances impressionnantes et de son potentiel prometteur.

Vinicius a commencé sa carrière de football au sein de l'équipe de jeunes de Flamengo, l'un des clubs les plus populaires du Brésil. Il a attiré l'attention avec ses dribbles électrisants et sa capacité à marquer des buts spectaculaires. Son talent a été rapidement repéré par le Real Madrid, qui l'a recruté en 2018.

Au Real Madrid, Vinicius a poursuivi son développement en tant que joueur. Bien qu'il ait connu des hauts et des bas, il a montré des flashes de son immense potentiel lors de ses apparitions en équipe première. Il est rapidement devenu un membre clé de l'équipe et a gagné la confiance de l'entraîneur et des supporters.

En termes de trophées, Vinicius a remporté plusieurs titres avec le Real Madrid, dont deux championnats de La Liga et une Supercoupe d'Espagne. Il a également joué un rôle important dans la conquête de la Ligue des champions de l'UEFA en 2022. Bien que sa carrière soit encore jeune, Vinicius montre un grand potentiel pour remporter de nombreux autres trophées dans le futur.

Le surnom de Vinicius Junior est "Vini Jr". Ce surnom est souvent utilisé par les supporters et les médias pour se référer à lui de manière plus informelle et proche.

Une anecdote vraie sur Vinicius est liée à sa détermination et à son engagement envers le football. Avant de rejoindre le Real Madrid, Vinicius a quitté sa famille au Brésil et s'est installé en Espagne à un jeune âge pour poursuivre sa carrière professionnelle.

Malgré les défis de l'adaptation à une nouvelle culture et à une nouvelle équipe, Vinicius a fait preuve d'une grande résilience et d'une forte volonté de réussir. Cette anecdote met en évidence sa passion pour le football et son désir de repousser ses limites pour atteindre ses objectifs.

En dehors du terrain, Vinicius est décrit comme un joueur humble et respectueux. Il est apprécié pour sa personnalité joviale et son attitude positive. Il est également impliqué dans des œuvres de bienfaisance et participe à des projets visant à aider les enfants et les jeunes défavorisés.

Wayne Rooney

Wayne Rooney est un ancien footballeur anglais qui a connu une carrière exceptionnelle sur les terrains. Né le 24 octobre 1985 à Croxteth, dans la banlieue de Liverpool, Rooney est considéré comme l'un des plus grands talents du football anglais de sa génération.

Rooney a commencé sa carrière au sein du club d'Everton, basé à Liverpool. À l'âge de 16 ans, il a fait ses débuts en équipe première lors de la saison 2002-2003. Ses performances exceptionnelles ont rapidement attiré l'attention des grands clubs anglais, et en 2004, il a rejoint Manchester United, l'un des clubs les plus prestigieux d'Angleterre.

Surnommé "Wazza" par les supporters, Rooney a connu un immense succès à Manchester United. Il a remporté de nombreux trophées avec le club, dont cinq titres de champion d'Angleterre, une Ligue des champions de l'UEFA et plusieurs Coupes d'Angleterre. Rooney a également été un élément clé de l'équipe qui a remporté le triplé historique en 2008, avec le titre de championnat, la Coupe d'Angleterre et la Ligue des champions.

Au cours de sa carrière, Rooney a également connu du succès en équipe nationale. Il a représenté l'Angleterre lors de plusieurs tournois internationaux, dont la Coupe du monde de la FIFA et le Championnat d'Europe. Il est le meilleur buteur de tous les temps de l'équipe nationale anglaise, ayant inscrit 53 buts en 120 sélections.

En ce qui concerne les trophées individuels, Rooney a remporté le titre de meilleur jeune joueur de l'année en Premier League à deux reprises et a été élu joueur de l'année en Angleterre en 2010. Il a également été nommé dans l'équipe de l'année de la Premier League à plusieurs reprises.

Une anecdote vraie sur Rooney est liée à son jeune âge. En octobre 2002, à l'âge de 16 ans et 360 jours, il a inscrit un but spectaculaire pour Everton contre Arsenal, mettant ainsi fin à leur série d'invincibilité de 30 matchs. Ce but a fait de lui le plus jeune buteur de l'histoire de la Premier League à l'époque, et il a attiré l'attention du monde entier sur son incroyable talent.

Au-delà de ses performances sur le terrain, Rooney est également connu pour son engagement caritatif. Il a créé la fondation "The Wayne Rooney Foundation" pour soutenir des causes telles que l'éducation, la santé et le bien-être des enfants défavorisés.

XAVI HERNÁNDEZ

Xavier Hernandez, plus connu sous le nom de Xavi, est un ancien footballeur espagnol né le 25 janvier 1980 à Terrassa, en Espagne. Il est considéré comme l'un des meilleurs milieux de terrain de sa génération et a laissé une empreinte indélébile dans l'histoire du football.

Xavi a débuté sa carrière de football dans les équipes de jeunes du FC Barcelone. Il a rapidement attiré l'attention grâce à ses compétences techniques, sa vision du jeu et sa capacité à dicter le rythme de jeu. En 1998, il a fait ses débuts en équipe première du Barça et a rapidement conquis les supporters par son style de jeu fluide et créatif.

Tout au long de sa carrière, Xavi a été le moteur du jeu du FC Barcelone et de l'équipe nationale espagnole. Avec le Barça, il a remporté de nombreux titres, dont huit titres de la Liga, trois Ligue des champions de l'UEFA et six Coupes d'Espagne. Il a également été un pilier de l'équipe nationale espagnole lors de ses succès en remportant l'Euro 2008 et 2012, ainsi que la Coupe du monde 2010.

Surnommé "El Maestro" en raison de sa maîtrise du jeu, Xavi était connu pour sa précision dans les passes, sa vision du jeu exceptionnelle et sa capacité à diriger ses coéquipiers sur le terrain. Il était un maître de la possession de balle et a joué un rôle clé dans l'adoption du style de jeu caractéristique du FC Barcelone, basé sur la possession et le jeu collectif.

Une anecdote célèbre sur Xavi concerne la finale de la Ligue des champions de l'UEFA en 2009. Alors que le FC Barcelone affrontait Manchester United, Xavi a été le maître du milieu de terrain et a dicté le rythme du jeu tout au long du match. Son contrôle et sa distribution du ballon ont été d'une précision chirurgicale, et il a joué un rôle crucial dans la victoire finale de son équipe, marquant ainsi une autre page d'histoire pour le club catalan.

Au-delà du terrain, Xavi est également reconnu pour son caractère humble et son leadership. Il est respecté pour son fair-play et son respect envers ses adversaires. Il est également engagé dans des initiatives caritatives et a créé sa propre fondation pour aider les enfants défavorisés.

Après avoir quitté le FC Barcelone en 2015, Xavi a poursuivi sa carrière de joueur au Qatar, où il a joué pour le club d'Al-Sadd jusqu'à sa retraite en 2019. Il est ensuite devenu entraîneur et a pris les rênes de l'équipe d'Al-Sadd en tant qu'entraîneur principal.

Xavi est l'un des milieux de terrain les plus talentueux et respectés de l'histoire du football. Il a remporté de nombreux trophées avec le FC Barcelone et l'équipe nationale espagnole, et son style de jeu unique et sa vision du jeu en ont fait l'un des joueurs les plus influents de sa génération.

ZINEDINE ZIDANE

Zinedine Zidane est l'un des plus grands footballeurs de tous les temps. Né le 23 juin 1972 à Marseille, en France, il est largement reconnu pour son talent exceptionnel, sa classe et son influence sur le jeu.

Zidane a lancé sa carrière professionnelle au sein de l'AS Cannes, un club français, où il a fait ses débuts en équipe première à l'âge de 17 ans. Il a ensuite été repéré par les recruteurs des Girondins de Bordeau, où il a évolué pendant quatre saisons avant de rejoindre la Juventus en Italie en 1996. C'est à la Juventus que Zidane a vraiment brillé et s'est imposé comme l'un des meilleurs joueurs du monde.

Au cours de sa carrière, Zidane a remporté un certain nombre de trophées prestigieux. Avec la Juventus, il a remporté deux championnats italiens et a atteint la finale de la Ligue des champions en 1997 et 1998. Il a ensuite été transféré au Real Madrid en 2001 dans ce qui était à l'époque le transfert le plus cher de l'histoire du football. Sous le maillot du Real Madrid, Zidane a remporté de nombreux titres, notamment trois Ligues des champions consécutives de 2002 à 2004 et un championnat d'Espagne.

En plus de ses succès en club, Zidane a également connu une carrière internationale exceptionnelle avec l'équipe de France. Il a représenté son pays lors de plusieurs tournois majeurs, notamment la Coupe du monde de la FIFA en 1998 et en 2006, ainsi que le championnat d'Europe de l'UEFA en 2000. L'apogée de sa carrière internationale a été la victoire en Coupe du monde de 1998, où il a joué un rôle essentiel dans la victoire de l'équipe de France en marquant deux buts en finale.

Zidane est souvent surnommé "Zizou" par ses fans et les médias. Ce surnom est une version familière de son prénom et est devenu synonyme de sa classe et de son élégance sur le terrain. Il est également reconnu pour sa maîtrise technique, sa vision du jeu exceptionnelle et sa capacité à exécuter des gestes techniques remarquables.

Une anecdote célèbre sur Zidane est liée à la finale de la Coupe du monde de la FIFA en 2006. À ce moment-là, Zidane était à l'apogée de sa carrière et jouait dans sa dernière compétition internationale. Malheureusement, lors de la prolongation de la finale contre l'Italie, Zidane a été impliqué dans un incident controversé. Il a donné un coup de tête à un adversaire italien, Marco Materazzi, et a été expulsé du match. Cette action a été largement discutée et a marqué la fin spectaculaire de la carrière internationale de Zidane. Cependant, malgré cet incident regrettable, Zidane reste l'une des figures les plus respectées et admirées du football mondial.

En dehors du football, Zidane est également connu pour son humilité et sa discrétion. Malgré sa renommée mondiale, il est resté un homme simple et modeste, préférant laisser son jeu parler pour lui. Après avoir pris sa retraite de joueur, Zidane est devenu entraîneur et a connu un succès remarquable avec le Real Madrid, remportant trois Ligues des champions consécutives en tant qu'entraîneur.

ZLATAN IBRAHIMOVIC

Zlatan Ibrahimović est l'un des footballeurs les plus emblématiques et charismatiques de sa génération. Né le 3 octobre 1981 à Malmö, en Suède, il a laissé une empreinte indélébile sur le monde du football grâce à son talent exceptionnel et à sa personnalité flamboyante.

Ibrahimović a commencé sa carrière professionnelle au Malmö FF, un club suédois, où il a fait ses débuts à l'âge de 17 ans. Ses performances impressionnantes ont attiré l'attention des recruteurs internationaux, et il a ensuite rejoint l'Ajax Amsterdam aux Pays-Bas en 2001. C'est là qu'il a véritablement lancé sa carrière et s'est fait connaître du grand public.

Au cours de sa carrière, Ibrahimović a remporté de nombreux trophées et a joué pour certains des clubs les plus prestigieux d'Europe. Il a évolué au sein de l'Ajax Amsterdam, de la Juventus, de l'Inter Milan, du FC Barcelone, du Milan AC, du Paris Saint-Germain et de Manchester United. Dans chacun de ces clubs, il a apporté sa marque distinctive et a connu des succès notables.

En ce qui concerne les trophées, Ibrahimović a accumulé un palmarès impressionnant. Il a remporté de multiples titres de champion dans différents championnats nationaux, dont la Serie A italienne, la Ligue 1 française, la Liga espagnole et la Premier League anglaise. Il a également remporté des coupes nationales, des supercoupes et a connu des succès au niveau européen avec des participations en Ligue des champions de l'UEFA.

Le surnom de Zlatan Ibrahimović est "Ibra". Ce diminutif est souvent utilisé pour le désigner de manière informelle et est devenu synonyme de sa personnalité forte et dominante sur le terrain. "Ibra" est également un nom qui incarne l'aura et la confiance qui se dégagent de lui.

Une anecdote célèbre sur Ibrahimović est liée à sa confiance en lui et à sa détermination. Lorsqu'il jouait pour l'Ajax Amsterdam, son équipe était confrontée à une situation difficile lors d'un match de championnat contre NAC Breda en 2004. L'Ajax perdait 2-1 à la mi-temps, et Ibrahimović a déclaré aux médias qu'il marquerait trois buts en seconde période. Fidèle à ses paroles, il a marqué un triplé et a conduit son équipe à la victoire 4-2. Cette prédiction audacieuse et sa capacité à concrétiser ses paroles ont marqué les esprits et ont renforcé sa réputation de joueur hors du commun.

En dehors du terrain, Ibrahimović est également connu pour son charisme et sa personnalité excentrique. Il est célèbre pour ses déclarations provocatrices et ses citations mémorables qui ont alimenté sa légende. Cependant, derrière cette façade, il est également apprécié pour sa générosité et son soutien à des causes philanthropiques.

QUIZ

Alors tu as appris des choses ? C'est le moment de passer sur le terrain et de tester tes connaissances, à toi de jouer !

1.Qui est Zinedine Zidane ?
a) Un célèbre chanteur français
b) Un ancien joueur de football français

2.**Quel est le surnom de Kylian Mbappé ?**
a) La Pioche
b) Donatello

3.**Dans quel club Samuel Eto'o a-t-il lancé sa carrière ?**
a) Kadji Sports Academy
b) Manchester United

4.**Ou Zlatan a t-il commencé sa carrière pro ?**
a) En Suède
b) Aux Pays-Bas

5.**Quelle est la nationalité de Diego Maradona ?**
a) Argentin
b) Italien

6.**Où est né Lionel Messi ?**
a) Au Brésil
b) En Argentine

7.**Combien de titres de la Ligue des champions a remporté Cristiano Ronaldo ?**
a) 3
b) 5

8.**Quel est le surnom de Pelé ?**
a) Le Roi Pelé
b) Le Magicien Pelé

9.**Quel est le surnom de Ronaldinho ?**

a) Ronnie

b) Le Maestro

10.**Kaka a remporté le ballon d'or en ?**

a) 2007

b) 2009

11.**Quelle équipe nationale Wayne Rooney a-t-il représentée pendant sa carrière ?**

a) Espagne

b) Angleterre

12.**Quel geste technique a effectué Balotelli en 2011, permettant à Manchester United de remporter le derby ?**

a) Une manchette

b) Un petit pont

13.**Quel est le surnom de Thierry Henry ?**

a) Le Roi Henry

b) Titi

14.**Dans quel club Philipp Lahm a-t-il passé la majeure partie de sa carrière ?**

a) FC Barcelone

b) Bayern Munich

15.**Quel était le surnom de Gerd Müller ?**

a) Le Keiser

b) Der Bomber

16.**Quel joueur est surnommé "The Ginger Prince" ?**

a) Xavi Hernández

b) Kevin De Bruyne

17.**Quel joueur a remporté le Ballon d'Or en 2010 ?**

a) Lionel Messi

b) Cristiano Ronaldo

18.Quel joueur est surnommé "The Kaiser" en raison de son influence sur le football allemand ?

a) Franz Beckenbauer
b) Philipp Lahm

19.Combien de fois Samuel Eto'o a-t-il remporté la Ligue des champions ?

a) 3
b) 4

20.Quel joueur est connu pour personnalité excentrique ?

a) Cristiano Ronaldo
b) Zlatan Ibrahimović

21.Dans quel club Zinedine Zidane a-t-il terminé sa carrière de joueur professionnel ?

a) Real Madrid
b) Juventus

22.Quel joueur est surnommé "La Pulga" (La Puce) en raison de sa petite taille et de son agilité sur le terrain ?

a) Lionel Messi
b) Neymar Junior

23.Quel joueur est surnommé "O Fenômeno" en raison de ses performances impressionnantes ?

a) Ronaldo
b) Ronaldinho

24.Dans quel club Lionel Messi a-t-il commencé sa carrière professionnelle ?

a) FC Barcelone
b) Paris Saint Germain

25.Quel joueur est connu pour ses dribbles rapides et sa vitesse fulgurante ?

a) Kylian Mbappé
b) Manuel Neuer

Retrouve les réponses du quiz en dernière page.

DÉCOUVRE NOS LIVRES

Si tu as aimé ce livre, alors tu aimeras forcément nos autres ouvrages !

Tape directement le titre de ces livres sur Amazon pour les retrouver.

Réponses Quiz :

1.a) 2.b) 3.a) 4.a) 5.a) 6.b) 7.b) 8.a) 9.a) 10.a) 11.b) 12.a) 13.b) 14.b) 15.b) 16.b) 17.a) 18.a) 19.a) 20.b) 21.a) 22.a) 23.a) 24.a) 25.a)

Printed by Amazon Italia Logistica S.r.l.
Torrazza Piemonte (TO), Italy

51409764R00058